"新财经"课程思政系列丛书

财政学
课程思政案例集

主　编　周克清　文　峰

西南财经大学出版社
Southwestern University of Finance & Economics Press
中国·成都

图书在版编目(CIP)数据

财政学课程思政案例集/周克清,文峰主编.—成都:西南财经大学出版社,2023.11
ISBN 978-7-5504-5891-8

Ⅰ.①财… Ⅱ.①周…②文… Ⅲ.①高等学校—思想政治教育—教案(教育)—中国 Ⅳ.①G641

中国国家版本馆 CIP 数据核字(2023)第 149199 号

财政学课程思政案例集
CAIZHENGXUE KECHENG SIZHENG ANLIJI
主 编 周克清 文 峰

责任编辑:李晓嵩
助理编辑:杨婧颖
责任校对:王甜甜
封面设计:何东琳设计工作室
责任印制:朱曼丽

出版发行	西南财经大学出版社(四川省成都市光华村街 55 号)
网 址	http://cbs.swufe.edu.cn
电子邮件	bookcj@swufe.edu.cn
邮政编码	610074
电 话	028-87353785
照 排	四川胜翔数码印务设计有限公司
印 刷	郫县犀浦印刷厂
成品尺寸	185mm×260mm
印 张	12.25
字 数	246 千字
版 次	2023 年 11 月第 1 版
印 次	2023 年 11 月第 1 次印刷
印 数	1—2000 册
书 号	ISBN 978-7-5504-5891-8
定 价	39.80 元

出版说明

为深入贯彻落实习近平总书记关于教育的重要论述和全国教育大会精神，贯彻落实中共中央办公厅、国务院办公厅《关于深化新时代学校思想政治理论课改革创新的若干意见》，把思想政治教育贯穿人才培养体系，全面推进高校课程思政建设，发挥好每门课程的育人作用，提高高校人才培养质量，教育部印发了《高等学校课程思政建设指导纲要》（以下简称《纲要》）。《纲要》指出，全面推进课程思政建设是落实立德树人根本任务的战略举措。培养什么人、怎样培养人、为谁培养人是教育的根本问题，立德树人成效是检验高校一切工作的根本标准。课程思政建设是全面提高人才培养质量的重要任务。

为全面贯彻新时代党的教育方针，落实立德树人根本任务，国家教材委员会印发了《习近平新时代中国特色社会主义思想进课程教材指南》，明确要求把习近平新时代中国特色社会主义思想有机融入课程教材。《"党的领导"相关内容进大中小学课程教材指南》首次就"党的领导"相关内容融入课程教材作出整体设计，对深入推进习近平新时代中国特色社会主义思想进教材、进课堂、进头脑具有重大意义。

根据相关文件精神，西南财经大学于2021年成立课程思政研究中心。为切实落实本科专业类教学质量国家标准和一流专业建设的基本要求，充分发挥教材在课程思政建设中的关键作用，打造课程思政精品教材体系，西南财经大学课程思政研究中心组织金融学院、经济学院、会计学院、统计学院、工商管理学院、财政税务学院、国际商学院、管理科学与工程学院、外国语学院、特拉华数据科学学院、国际教育学院等出版了课程思政系列丛书

(以下简称“丛书”)。

丛书以习近平新时代中国特色社会主义思想为指导，紧紧围绕教学导向“准”、育人格局“全”、思政元素“齐”、覆盖范围“广”、教学团队“强”的目标，围绕国家、区域以及学校课程思政建设的发展要求，深入挖掘各类课程和教学方式中蕴含的思想政治教育资源，致力于加快构建中国特色哲学社会科学学科体系、学术体系、话语体系，帮助学生了解经管类学科专业知识和行业领域的国家战略、法律法规和相关政策，引导学生深入社会实践、关注现实问题，培育学生经世济民、诚信服务、德法兼修的职业素养。丛书以案例集、教学指南等形式，教育引导学生把国家、社会、公民的价值要求融为一体，提高个人的爱国、敬业、诚信、友善修养，自觉把小我融入大我，不断追求国家的富强、民主、文明、和谐，倡导社会的自由、平等、公正、法治，将社会主义核心价值观内化为精神追求，外化为自觉行动；教育引导学生深刻理解中华优秀传统文化中讲仁爱、重民本、守诚信、崇正义、尚和合、求大同的思想精华和时代价值；教育引导学生传承中华文脉，富有中国心、饱含中国情、充满中国味；教育引导学生深刻理解并自觉践行各行业的职业精神和职业规范，增强职业责任感，培养遵纪守法、爱岗敬业、无私奉献、诚实守信、公道办事、开拓创新的职业品格和行为习惯，着力培养具有社会责任感、创新精神和国际视野的财经领域卓越人才。

丛书涵盖西南财经大学国家级重点学科和一流本科专业，作者包括西南财经大学国家级教学团队成员和其他资深教师。丛书经过作者反复斟酌研讨、倾力编撰而成，将思想政治教育寓于教学之中，让学生在学习专业知识的同时，增强“四个意识”，坚定“四个自信”，自觉做到“两个维护”，深入推进习近平新时代中国特色社会主义思想进教材、进课堂、进头脑。

西南财经大学课程思政研究中心

序

习近平总书记在2016年12月召开的全国高校思想政治工作会议上明确指出："要坚持把立德树人作为中心环节，把思想政治工作贯穿教育教学全过程，实现全程育人、全方位育人，努力开创我国高等教育事业发展新局面。"习近平总书记在党的二十大报告中进一步指出："培养什么人、怎样培养人、为谁培养人是教育的根本问题。育人的根本在于立德。全面贯彻党的教育方针，落实立德树人根本任务，培养德智体美劳全面发展的社会主义建设者和接班人。"这些重要论述为加强和改进新时代高校思想政治工作以及全面推进课程思政建设提供了根本遵循。

全面推进课程思政建设是深入学习贯彻习近平总书记关于教育的重要论述和全国教育大会精神、落实立德树人根本任务的战略举措。教育部于2020年5月专门印发了《高等学校课程思政建设指导纲要》，明确了课程思政建设的总体目标和重点内容，对推进高校课程思政建设进行了整体设计，为我们扎实做好课程思政建设提供了"施工图"和"任务书"。一直以来，西南财经大学党委坚持以习近平新时代中国特色社会主义思想为指导，全面贯彻党的教育方针，落实立德树人根本任务，坚持把全面推进课程思政建设作为服务"国之大者"的重要抓手，着眼培养知中国、爱中国、堪当民族复兴大任的财经领域卓越人才，形成了以《西南财经大学课程思政建设方案》为主轴的"1+N"课程思政建设制度体系，紧紧抓住教师队伍"主力军"、课程建设"主战场"、课堂教学"主渠道"，建构"经世济民"课程谱系，打造"双向反哺"教学范式，完善"系统集成"育人机制，尤为重视课程思政元素的挖掘与提炼，有组织地编写"新财经"课程思政系列丛书，着力打造具有财经专业特色的课程思政资源库，扎实推进习近平新时代中国特色社会主义思想和党的二十大精神进课堂、进教材、进头脑，促进财经专业教育与思政教育互融共通，实现价值塑造、知识传授和能力培养的有机统一。

西南财经大学财政税务学院周克清教授领衔的财政学教学团队高度重视财政学课程的思政建设，严格落实《高等学校课程思政建设指导纲要》《西南财经大学课程思政建设方案》的要求，在课程目标设计、教材编审选用、教案课件编写等方面全面贯彻落实习近平新时代中国特色社会主义思想，培育和弘扬社会主义核心价值观，传承中华优秀传统文化。在长期的课程建设过程中，他们取得了令人信服的成绩：2018 年，“财政学”课程获批四川省精品在线课程；2019 年，“财政学”课程获批四川省课程思政示范课程；2020 年，“财政学”课程获批国家首批线上一流课程；2021 年，“财政学”课程获批教育部首批课程思政示范课程，相关教师入选教育部课程思政教学名师及教学团队。为了更好地将课程思政融入课堂，财政学教学团队根据多年课程思政的教育教学改革实践，编撰和整理了课程思政教学案例，形成了《财政学课程思政案例集》，其中多个案例在教育部财政学类教指委组织的课程思政案例大赛中获奖。本书主要有以下三个特点：

第一，本书坚持以习近平新时代中国特色社会主义思想为指导，全面贯彻党的教育方针，认真落实党中央、教育部关于课程思政建设的精神，努力将习近平经济思想、法治思想和党的二十大精神有机融入相关案例。例如，习近平总书记关于精准扶贫、环境保护、教育发展、依法治国等的新理念新战略新论断，均在本书中有所体现。

第二，本书全面关注中国特色社会主义财政改革实践的最新进展，挖掘其中的课程思政元素，实现财政理论与实践的紧密结合。例如，本书配套了社会保障、科技发展、税收制度、对口支援、财政政策等方面的案例，有利于帮助广大青年学生深化理解我国财政改革实践进程和发展趋势。

第三，本书有针对性地安排了相关启发性问题，并辅之以相应的参考答案，有助于广大青年学生学习使用。为了帮助广大青年学生从案例中把握课程思政内容及相关专业知识，各案例一般设计了 2~3 个启发性问题，便于广大青年学生在学习中实现思政内容与专业知识的无缝对接。

当然，本书的编撰只是西南财经大学财政税务学院财政学教学团队就课程思政建设进行的一次有益探索，不足之处在所难免。希望他们在未来的财政学教育教学中勇于创新，不断总结，积极践行“为党育人、为国育才”的初心使命，为全面提高财政学类专业人才自主培养质量做出新的贡献。

马骁

2023 年 6 月 6 日于光华园

目录 CONTENTS

提升环境质量：居民健康、幸福与收入的催化剂

李超

一、知识要点

理解概念：外部性的概念与分类。

掌握理论：外部性的经济影响与纠正措施。

二、教学目标

（一）能力培养

系统思维能力：教师通过对外部性理论的讲授，帮助学生系统地了解外部性的概念及经济效应、弥补外部性的私人对策和公共对策，引导学生培养全面系统分析问题的能力。

实践判断能力：教师根据案例材料，帮助学生了解外部性的经济影响，并通过案例介绍政府解决环境污染问题的措施与积极意义，引导学生对我国绿色发展战略的思考。

批判思维能力：教师通过对外部性应对方案的讲解，分析国内外应对外部性的各种方法，引导学生分析不同方案下的差异性效果。

（二）价值塑造

形成专业意识：教师帮助学生理解外部性等财政学的相关专业知识，使学生学会用理论知识分析实际问题。

增强前沿意识：教师通过案例教学，拓宽学生视野，使学生理解当前中国的绿色发展理念，使学生养成关注国家发展战略、财政政策和热点问题的学习习惯。

增强社会责任感：教师引导学生深入社会、了解国情，增进学生对国家制度和改革发展成就的理性认同，激发学生的爱国之情、社会责任感和担当意识，培养知行合一的社会主义事业建设者。

三、教学重点与难点

（一）教学重点

掌握外部性的经济影响。教师通过图形推导展示负外部性（以环境污染为例）带来的经济福利损失，并分析产生福利损失的根本原因。

理解科斯定理。教师通过案例分析科斯定理弥补外部性损失的作用机制、成立条件（交易成本为零和产权界定清晰）以及现实生活中的应用场景和局限性。

（二）教学难点

掌握庇古税和排污费。教师通过图形推导两项公共对策弥补外部性的作用机制，并通过案例介绍我国政府解决环境污染的措施与积极意义，引导学生对我国绿色发展战略的思考。

四、课程思政案例介绍

（一）案例的支撑材料

环境质量的提升不仅能够提升居民健康水平，增强居民幸福感，还能够增加居民收入。为此，中央提出要加强生态文明建设，保护生态环境，努力践行“绿水青山就是金山银山”的发展理念。

1. 改善空气质量可以提升居民健康水平

桑田等学者在 2016 年的一项研究中建立了空气中二氧化硫（SO_2）和可吸入颗粒物（PM10）的浓度与儿科门诊量的“浓度-反应”关系，并估计空气质量改善带来的儿童健康收益。其中，2001—2010 年，儿科门诊量数据来自太原市中心某综合性医院，空气质量监测数据来自太原市环境监测站。

研究表明，太原市空气中二氧化硫（SO_2）和可吸入颗粒物（PM10）的污染水平分别在 2003 年和 2007 年出现明显下降。2001—2002 年、2003 年和 2004—2010 年，因二氧化硫（SO_2）浓度超过国家环境空气质量二级标准限值，儿科每日门诊量分别平均增加 11.3%、2.5% 和 1.1%；2001—

2002 年、2003—2006 年和 2007—2010 年，因空气中可吸入颗粒物（PM10）的浓度超过国家环境空气质量二级标准限值，儿科每日门诊量分别平均增加 3.1%、2.2%和 0.7%。

以世界卫生组织的指导值为基线，2003 年，二氧化硫（SO_2）污染浓度下降使儿科每日门诊量的增加量比 2001—2002 年降低 57.9%；2007—2010 年，可吸入颗粒物（PM10）的污染浓度下降使儿科每日门诊量的增加量比 2005—2006 年降低 52.3%。由此可见，空气质量的改善在一定程度上增进了儿童身体健康。

2. 改善空气质量能够提升居民幸福感

一项特别具有创新性的研究考察了德国大型发电厂安装减排设备后的情况。研究人员对约 3 万名德国人进行了一项长期调查，研究人员获得了他们的幸福感数据，并根据每个人住在发电厂的逆风向还是顺风向对他们进行了分类。研究发现，在安装减排设备后，住在顺风向的居民幸福感水平有了显著提高，而住在逆风向的居民却没有受益。这项研究表明，改善空气质量对提升居民幸福感具有非常重要的作用。

3. 环境保护税的实施与企业减排

2018 年 1 月 1 日起，我国首部“绿色税法”——《中华人民共和国环境保护税法》(以下简称《环保税法》) 开始实施，大气污染物、水污染物、固体废物和噪声四类污染物过去由环保部门征收排污费，改为由税务部门征收环境保护税（简称“环保税”)。

据国家税务总局财产和行为税司的同志介绍，环保税确立了多排多征、少排少征、不排不征和高危多征、低危少征的正向减排激励机制，有利于引导企业加大节能减排力度。以大气污染物为例，排放同样数量具有较高危害性的甲醛所要缴纳的环保税是排放普通烟尘的 24 倍。这种政策处理有利于引导企业改进工艺、减少污染物排放，特别是减少高危污染物的排放。

这一征收机制带来企业发展思路的转变，节能减排成为“有利可图”的事情。华能烟台发电有限公司财务部的同志表示：“我们从 2016 年开始进行超低排放改造，2017 年 7 月，4 台机组的改造全部完成，烟尘、二氧化硫、氮氧化物的排放进一步减少，每年可减少税费成本 150 万元左右。”

环保税在具体税额的确定上，采取了“国家定底线，地方可上浮”的动态调节机制。《环保税法》规定的税额下限为：大气污染物每污染当量

1.2 元，水污染物每污染当量 1.4 元；税额上限为不超过最低标准的 10 倍。各省份按照税法授权，出台了符合本地区实际的税额标准。北京市按照 10 倍的上限确定了本地区适用税额。辽宁、吉林、江西、陕西等省份则执行了最低标准。还有一些省份采取了适中的税额，如江苏、四川。国务院决定，环保税全部作为地方收入。此前，排污费征收后实行中央和地方 1∶9 分成。

税比费具有更强的刚性。我国法律规定，如果认定企业偷税，税务机关将追缴企业不缴或者少缴的税款和滞纳金，并处相应税款的50%以上5倍以下罚款；构成犯罪的，追究其刑事责任。在税收征管方面，“排污费”改为“环保税”后，征收部门由环保部门改为税务机关。

4. “零污染”带来居民收入不断增长

“零污染村”的概念源于联合国环境规划署“迈向零污染地球”的倡议，即要求建设污染物排放不超过环境自净能力、多方协作共建、资源循环高效利用、清洁生态健康的可持续发展乡村。

2019 年 6 月，浙江省“零污染村”试点项目在永嘉县岩坦镇源头村正式启动。源头村多措并举开展“零污染村”建设。一是实施环境综合整治。源头村通过环境整治，在不到 3 个月的时间内，拆除露天坑、违建小屋共 319 处，使村庄面貌焕然一新。二是推进废物循环利用。源头村建成垃圾分类处理系统，引进“互联网+智能垃圾分类回收机”和生活垃圾微生物发酵处理系统。三是开展“零污染”农业生态园试点。源头村推动农户生态种植、禁用高毒农药和化肥，并引入社会组织对土壤质量进行不定期监测，开展环保宣传、提供全降解环保袋、建立环保志愿者队伍、指导生态农业园试点等工作。

试点带来环境改善和经济效益提高。2019 年 5 月前，源头村还是个垃圾遍地、污水横流的脏乱差村庄。试点项目建设完成后，源头村的垃圾分类处理率从 10% 提升至 100%，生活污水处理农户覆盖率和达标率都达到 100%。经过环境整治，源头村的水环境质量达到国家Ⅰ类水标准，全年空气质量优良率为 100%。环境的改变，使源头村成了远近闻名的“网红村”，有效激活了生态红利，实现了绿水青山向“金山银山”的转化。仅 2019 年，源头村共接待游客 20 多万人次，同比增长 98%；实现旅游总收入 185 万元，同比增长 83%；特色农产品销售为农户人均年增收 1 000 元以上。

（二）案例的思政元素

本案例的思政元素是习近平总书记的科学论断——绿水青山就是金山银山。

在人类历史发展进程中，人们越来越清晰地认识到，经济社会快速发展不能以环境的破坏、资源的浪费为代价。面对如何解决经济发展与环境保护兼顾的问题，在福建、浙江等地工作期间，习近平总书记通过实地调研、深入基层、深入群众，将理论在实践中进一步深化，在实践中将理论转化为现实，提出了“绿水青山就是金山银山”的科学论断。从在福建治山治水、在浙江推动“绿色浙江”建设一直到担任中共中央总书记，习近平总书记一直将绿色发展理念贯穿治国理政思想之中。

“金山银山却买不到绿水青山”“宁要绿水青山，不要金山银山”，这些重要论述清楚地表达了生态环境优先的态度。在“绿水青山”和“金山银山”发生矛盾时，我们必须将“绿水青山”放在首位，不能走以“绿水青山”换“金山银山”的老路。这一阐述为经济发展划定了生态保护的红线，坚定了中国绿色发展的决心。在如何利用“绿水青山”带动经济发展，创造“金山银山”的问题上，习近平总书记多次强调“保护环境就是保护生产力，改善环境就是发展生产力”。

“绿水青山就是金山银山”理论，是对生产力理论的重大发展。在传统发展模式中，经济发展和环境保护是一对“两难”的矛盾。美国经济学家库兹涅茨认为，当经济发展水平较低时，环境污染程度较轻，但是随着经济的增长，环境污染程度由低向高；当经济发展达到一定临界点后，环境污染程度又由高向低，环境质量逐渐得到改善。这种现象被称为“环境库兹涅茨曲线”。

习近平总书记敏锐意识到这个问题，明确指出：“生态文明建设事关中华民族永续发展和‘两个一百年’奋斗目标的实现，保护生态环境就是保护生产力，改善生态环境就是发展生产力。”生态环境问题归根到底是经济发展方式问题。正确处理好经济发展同生态环境保护的关系，切实把绿色发展理念融入经济社会发展各方面，推进形成绿色发展方式和生活方式，协同推进人民富裕、国家富强、中国美丽是我们的奋斗目标。

习近平总书记在党的二十大报告中进一步强调：“尊重自然、顺应自然、保护自然，是全面建设社会主义现代化国家的内在要求。必须牢固树立和践行绿水青山就是金山银山的理念，站在人与自然和谐共生的高度谋划发展。我们要推进美丽中国建设，坚持山水林田湖草沙一体化保护和系统治理，统筹产业结构调整、污染治理、生态保护、应对气候变化，协同推进降碳、减污、扩绿、增长，推进生态优先、节约集约、绿色低碳发展。”

五、教学方法

（一）举例分析法

教师通过列举与学生生活密切相关的外部性例子让学生感受外部性的含义，并引出外部性的概念与分类。例如，地铁上不戴耳机大声公放视频的乘客对其他乘客造成的影响，昼夜颠倒打游戏的室友对其他室友产生的影响。

（二）案例解析法

教师以案例的支撑材料 1 和 2 讲述现实生活中空气污染这种外部性带来的负面影响，并通过图形推导正式分析负外部性带来的福利损失及庇古税和排污费等公共对策消除外部性的原理；以案例的支撑材料 3 讲述政府通过环保税等公共政策可以提升空气质量，改善资源配置；以案例的支撑材料 4 讲述改善空气污染状况可以增进居民健康、幸福与提高居民收入，进而加深学生对我国绿色发展理念的理解。

（三）讨论教学法

教师以“落后地区是否应该先污染后治理”为辩题，鼓励学生运用所学知识，进行分组辩论，使学生进一步理解外部性的经济影响以及绿色发展的重要性，引导学生思考“绿水青山就是金山银山”重要论断的含义。

（四）实践教学法

教师带领学生去“全国十大最美乡村”之一的四川省成都市郫都区青杠树村进行实地调研，通过理论联系实际，让学生近距离感受生态环境改善对乡村振兴的重要意义。

六、教学实施过程

第一，引入外部性的概念。教师通过身边实例让学生体会外部性的特征，引起学生的兴趣，并与学生一起归纳外部性的定义。生活中经常有一部分经济主体的行为对另一部分经济主体造成了影响，然而这种影响并没有得到补偿。例如，有正的外部性（打疫苗），有负的外部性（在别人身边公放视频）；有生产者带来的外部性（污染），有消费者带来的外部性（放烟花）。教师总结外部性的特征，即外部性是市场失灵的一种形式，外部性源于市场不存在，或者市场价格不能够完全反映出一项商品或服务的真实边际成本或边际受益。

第二，推导外部性的经济影响。教师首先通过案例的支撑材料 1 和 2 分析负外部性带来的福利损失，即空气污染加剧将严重损害居民健康和幸福程度。其次，教师以工厂导致的河流污染（负外部性）为例，利用图形推导负外部性造成的社会福利损失。最后，教师分析私人对策中的科斯定理如何消除外部性导致的资源配置失效，并举例阐明科斯定理成立条件的严苛性。

第三，阐释外部性的公共对策。在学生了解外部性的经济影响以及私人对策的局限性之后，教师分析政府可以采取哪些公共对策应对外部性。常见的两个措施是征收庇古税和排污费。教师以工厂导致的河流污染为例，利用图形推导征收庇古税和排污费如何实现最优资源配置。

第四，引入课程思政元素。教师引入案例的支撑材料 3，讲述中国环保税实施对环境质量改善的积极影响。教师引入案例的支撑材料 4，讲述中国践行“绿水青山就是金山银山”的重要理念，实施绿色发展战略。教师带领学生到“全国十大最美乡村”之一的四川省成都市郫都区青杠树村进行实地调研，通过理论联系实际，让学生近距离感受生态环境改善对乡村振兴的重要意义。

七、实施成效

本案例明确了课程的价值目标，提高了育人效果。师生通过阅读案例的支撑材料，解决了书本知识的单调性问题。教师通过理论与实践、讲授与讨论相结合，激发学生的学习兴趣，做到授课不说教、不枯燥，进一步引导学生了解国情，增进学生对国家制度和改革发展成就的理性认同，激发学生的爱国之情、社会责任感和担当意识。

本案例通过课前测验、课后测验、课前阅读、课堂参与式学习等，提高了课程的挑战度，较好地满足了不同层次学生的学习需求。课堂教学注重满足一般水平学生对知识点的掌握的需要，思想碰撞与课后思考则增加了学习难度，较好满足了部分学生对高难度、高质量学习的获得感。

本案例从知识、能力与育人三大目标出发，组织课前预习、课堂参与和课后复习，同步实现价值塑造、能力培养、知识传授三位一体的教学目标。案例的支撑材料以学生身边的材料为基础，拉近了学生与课程知识的距离，提高了学生的课堂参与度。

参考文献

[1] 习近平. 高举中国特色社会主义伟大旗帜 为全面建设社会主义现代化国家而团结奋斗——在中国共产党第二十次全国代表大会上的报告[M]. 北京：人民出版社，2022.

[2]《公共财政概论》编写组. 公共财政概论 [M]. 北京：高等教育出版社，2019.

[3] 马骁，周克清. 财政学 [M]. 5 版. 北京：高等教育出版社，2022.

[4] 桑田，张燕萍，杨钊，等. 太原市环境空气质量改善与儿童健康效益 [J]. 环境卫生学杂志，2016 (1)：35-41.

[5] 习近平. 习近平谈治国理政：第二卷 [M]. 北京：外文出版社，2017.

[6] 周功臣，潘智化. "零污染村" 建设在永嘉的探索实践 [EB/OL]. (2020-07-25) [2023-10-10]. https://www.cenews.com.cn/public/ydal/202007/t20200728_951645.html.

[7] 皮特·M. 豪利. 空气污染可能会影响你的幸福感 [EB/OL]. (2019-08-14) [2023-10-10]. 王羽，译. https://www.cdstm.cn/gallery/hycx/qyzx/201908/t20190814_921565.html.

环境保护税改革：绿水青山之路

王明璐

一、知识要点

理解概念：庇古税和排污费的概念。

掌握理论：庇古税和排污费的理论依据、作用机制及经济效应。

二、教学目标

（一）能力培养

系统思维能力：学生通过阅读材料，提炼环境保护税相关信息；教师通过对材料的分析讲解，帮助学生系统地理解相关知识，引导学生提升分析问题的能力。

实践判断能力：学生通过阅读材料，可以就中国目前环境保护税实施现状作出初步的判断，并运用适当的理论知识，对通过环境保护税推进社会绿色发展提出合理的政策建议。

批判思维能力：环境保护税对经济发展的影响，在不同的社会经济发展阶段有不同的效果，在不同的经济环境下也有差异性的效果。教师应引导学生正确分析环境保护税的影响。

（二）价值塑造

形成专业意识：教师帮助学生理解财政学的相关理论在我国环境治理方面的实际运用。

坚定“四个自信”：教师结合中国绿色发展理念，引导学生理解当前中国环境保护的发展趋势，坚定道路自信、理论自信、制度自信、文化自信。

增强社会责任感：教师引导学生深入社会、了解国情和关注现实问题，特别是要对中国的环境保护政策有准确的把握，激发学生的爱国之情、社会责任感和担当意识，培养知行合一的社会主义事业建设者。

三、教学重点与难点

（一）教学重点

教师通过图形推导，阐述庇古税和排污费的理论依据与作用机制。

（二）教学难点

教师结合我国环境保护税的发展历史和财政学知识，引导学生从法律效力、征收部门、收入用途、收入分配等角度理解排污费与环保税的区别。教师结合我国环境保护税的实施现状，引导学生深入挖掘其中的思政元素，讨论费改税的积极意义、存在的问题以及未来的改革方向。

四、课程思政案例介绍

（一）案例的支撑材料

自改革开放以来，我国经济高速发展，同时环境污染、生态破坏的等问题也日益严重。进入 21 世纪以后，我国的环境政策已经悄然发生巨大变化，环境保护与经济发展的关系从服务于经济发展到融入经济发展，环保理念从环境保护基本国策发展到绿色发展新理念，如今我国基本建立了绿色发展的环境战略政策体系。

1982 年，国务院发布了《征收排污费暂行办法》。《征收排污费暂行办法》是我国最早提出并施行的环境保护政策。由此，排污费在全国范围内开始实施，并主要集中于废水、废气、固体废弃物的治理。2002 年，我国出台了《中华人民共和国清洁生产促进法》，标志着我国污染治理模式由末端治理开始向全过程控制转变。2018 年 1 月，《中华人民共和国环境保护税法》及《中华人民共和国环境保护税法实施条例》正式施行，在全国范围对大气污染物、水污染物、固体废物和噪声四大类污染物，共计 117 种主要污染因子进行征税。与此同时，2003 年 1 月 2 日国务院发布的《排污费征收使用管理条例》废止，实施近 40 年的排污收费制度正式退出历史舞台。财政部按照制度平移原则，实现排污费制度向环境保护税制度的平稳顺利转换，即根据现行排污费项目设置税目，将排污费的缴纳人作为环境保护税的纳税人，将应税污染物排放量作为计税依据，将排污费征收标准作为环境保护税的税额下限。另外，环保税针对不同危害程度的污染因子设置差别化的污染当量值，实现对高危害污染因子多征税。以大气污染物为例，排放等量但具有较高危害性的甲醛所要缴纳的环保税是普通烟尘的24倍。因此，环保税确立了多排多征、少排少征、不排不征和高危多征、低危少征的正向减排激励机制，有利于引导企业改进工艺，减少污染物排放，特别是高危污染物的排放。

自环保税开征以来，环保税带来的绿色效应持续显现。图1统计了2018—2020年全国工业主要污染物排放情况。除2019年一般工业固体废物排放量有小幅增长以外，2018—2020年污染物排放量均显著下降。其中，在工业废水方面，化学需氧量下降近40%，氨氮排放量下降约48%，重金属下降约43%；在工业废气方面，二氧化硫下降约43%，氮氧化物下降约29%，颗粒物下降约58%，下降幅度最大；一般工业固体废物下降约18%。

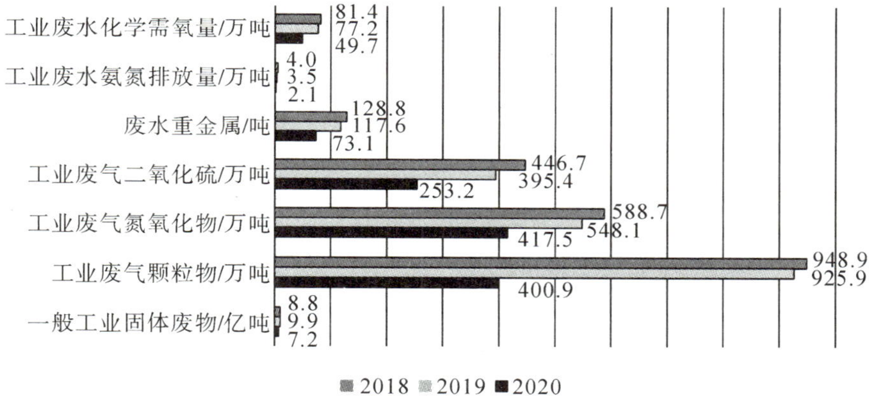

图1　2018—2020全国工业主要污染物排放情况

数据来源：《中国生态环境状况公报》。

同时，国家陆续出台一系列激励企业绿色发展的税收政策，如对可再生能源，清洁能源，节能技术、设备和产品给予税收优惠，促进了可再生能源、清洁能源，节能技术、设备的发展和应用，引导消费，有利于实现环境治理和优化。在企业所得税方面，企业符合条件的环境保护、节能节水项目所得，可享受企业所得税“三免三减半”；企业购置并实际使用符合规定的环保节能专用设备，可按10%抵免当年所得税应纳税额。此外，国家对符合规定的环保产业设备（产品）给予投资抵免、加速折旧等优惠。在关税方面，自2021年1月1日起，国家调低了一部分节能环保产品的进口关税。

在增值税方面，国家对利用风力生产的电力等自产货物实行增值税即征即退50%的政策；企业销售符合条件的自产资源综合利用产品和提供资源综合利用劳务享受增值税即征即退政策。在车辆购置税和车船税方面，国家对购置的符合条件的新能源汽车免征车辆购置税；对符合一定节能标准的新能源船舶和汽车免征车船税，鼓励新能源汽车消费。由此，我国构建起以环保税为主体，以资源税、耕地占用税为重点，以车船税、车辆购置税、增值税、消费税、企业所得税等税种为辅助，涵盖资源开采、生产、流通、消费、排放五大环节、八大税种的生态税收体系。

环保税作为治理环境污染的一种非常有效的经济手段和法律手段受到发达国家的重视，而环保税在我国尚处于起步阶段，缺少丰富的征收管理经验。完善一个新税种是一个长期的过程，征管工作更是要在实践中摸索前进。如何通过环保税推动社会绿色发展、促使企业加强环境治理，需要在实践中不断深入思考。

（二）案例的思政元素

1. 中国环保的“四个自信”

中国的环境保护之路是践行生态文明价值理念、实现经济发展与环境保护相协调的绿色发展道路。新时代中国环境治理道路，不走西方“先污染后治理”的老路，而是在生态文明理念指导下的经济方式、生活方式、社会发展方式、文化与科技等方面的系统性革命。这是中国环保的道路自信。

中国环保的理论自信是以中国特色社会主义理论体系为指导，支撑重构中国环保制度和创新中国环保道路。习近平总书记提出的“绿水青山就是金山银山”的理念如今已成为我国生态文明建设的指导思想，是绿色发展的理论基石，也是马克思主义生产力思想和理论的丰富与发展。

中国环保的制度自信体现为“用制度保护生态环境”的制度力量，促进从中央到地方、基层和各部门以及政府、社会和企业形成协同治理环境的制度合力，确保环境质量持续改善的长效机制有效运行。2018 年 9 月，中共中央、国务院印发的《生态文明体制改革总体方案》为环境保护提供了强大、有力、持续、长效的制度保障。

中国环保的文化自信是中国环保的核心和根基。顺应自然、追求天人合一，是中华文明的瑰宝，也是当今生态文明建设的重要遵循。生态文明建设最终要依靠全民生态环境意识和绿色发展意识的觉醒，依靠千百万人民群众参与到环境保护行动中，共同促进生态文明建设。

2. 中国式现代化是人与自然和谐共生的现代化

党的二十大报告明确指出："中国式现代化是人与自然和谐共生的现代化。"我们应坚持可持续发展，坚持以节约优先、保护优先、自然恢复为主的方针，像保护眼睛一样保护自然和生态环境，坚定不移走生产发展、生活富裕、生态良好的文明发展道路，实现中华民族永续发展。

环保税的实施是我国改善生态环境和维护生态平衡的重要税制改革举措，是促进发展方式转变的重要经济手段。环保税的实施不仅能够有效抑制环境污染物的排放，将外部成本内部化以降低污染程度，同时能够增加国家、地方税收收入，增加环境改善资本投入，为建设"绿水青山"奠定基础，推进生态文明建设，实现可持续发展。

另外，《中华人民共和国环境保护税法》是我国第一部专门体现"绿色税制"、推进生态文明建设的单行税法，是绿色税制发展的一个重要里程碑。为实现人与自然和谐共生的现代化，我国应高度重视财税政策在促进绿色低碳转型发展中独特的引导作用，立足国情和发展阶段，加强顶层设计，科学制定绿色发展财税保障制度，构建以环保税为基础、多税种相协调、与行政事业性收费相互补充的绿色税收体系，推动绿色发展。

五、教学方法

教师以环保税改革为案例，讲解改革的制度背景、改革的具体内容、实施现状和影响，阐述庇古税与排污费的作用机制。教学实施参照"BOPPPS教学法"（"导入—目标—前测—参与式学习—后测—总结教学法"）开展。在课前准备阶段，教师向学生呈现具体、明确的学习目标，要求学生修读财政学课程组制作的国家级线上一流课程"财政学"（MOOC&SPOC），预习相关内容。在课中阶段，教师先以小测验形式评估学生预习成效，再结合教学案例，以"问题引导—开放式讨论—归纳与总结讲授—引申与启发式观点呈现"的方式开展参与式学习，并通过学生的回答测评学生对知识的掌握情况，对知识难点和重点进行强化。在课后巩固阶段，教师区分不同学生能力水平，设计具有一定难度与挑战性的问题以提高学生的思维能力和实践能力。

六、教学实施过程

（一）讨论与思考

教师在对课程基本知识要点进行分析讲解后，结合案例提出三个思考问题，鼓励学生以小组为单位进行互动讨论，并展示讨论结果，提炼思政元素。

（1）结合我国环保税的发展历史和财政学知识，探讨排污费与环保税的区别。

（2）结合我国环保税的实行现状和财政学知识，谈谈环境保护“费改税”的积极意义。

（3）结合习近平总书记提出的“绿水青山就是金山银山”，谈谈建设生态文明的重要性。

（二）分析思路

（1）结合我国环保税的发展历史和财政学知识，探讨排污费与环保税的区别。

参考答案：

征收排污费和环保税的目的都在于实现环境保护，减少污染，同样是谁排污、谁付费的机制。两者的不同主要体现在征收机构、法律效力、收入用途、收入分配以及征收减免力度等方面。

第一，两者的征收机构不同。前者是环保部门，后者是税务部门，税务部门的征收能力更强。

第二，两者的法律效力不同。排污费属于行政收费，法律层级较低，行政干预较多；环保税以环境保护税法作为有力支撑，执行起来更加严谨、规范，更具刚性。

第三，两者的收入用途不同。环保税收入纳入一般公共预算管理，排污费收入专用于环境治理。

第四，两者在收入分配上略有不同。排污费收入的10%归中央政府、90%归地方政府；环保税收入全部归地方政府所有。

第五，两者的征收减免力度不同。排污费只规定了一档减征政策，即低于规定的排放标准50%以上的，减半征收排污费。环保税规定了两档减税优惠，纳税人排污浓度值低于规定标准30%的，减按75%征税；低于规定排放标 50%的，减按 50%征税，从而具有更强的减排激励。

（2）结合我国环保税的实行现状和财政学知识，谈谈环境保护费改税的积极意义。

参考答案：

《中华人民共和国环境保护税法》是我国第一部专门体现“绿色税制”、推进生态文明建设的单行税法，是绿色税制发展的一个重要里程碑。环保税的开征，改善了以往排污费各地标准不统一以及强制性不足等问题，也加大了税收缴纳的监管力度。

以前实行排污费时，存在“劣币驱逐良币”的情况，排放量少的企业投入节能减排中的成本反而比排污量多的企业缴纳的排污费高，使得这些节能减排成本高的企业在市场上处于不利地位。将收取排污费改为征收环保税，形成正向激励机制，同一行业的企业，排污量多的成本高，排污量少的成本低。这有利于让严格执行节能减排标准的负责任的企业做大做强，有效平衡环保与经济发展的关系。

环保税能够用税收杠杆，撬动企业自主减排，因为“多排污多征税，少排污少征税，不排污不征税”。由排污费到环保税，排污成本会有所提升，需要缴纳的税费、需要付出的成本就会更高。总体来看，环保税的收入规模并不大，排污费改税的主要目的不在于增加财政收入，而在于通过税收杠杆引导排污单位减少污染物排放，其环保意义远远大于财政收入意义。

（3）结合习近平总书记提出的“绿水青山就是金山银山”，谈谈建设生态文明的重要性。

参考答案：

习近平总书记提出的“既要绿水青山，也要金山银山。宁要绿水青山，不要金山银山，而且绿水青山就是金山银山”这一科学论断，是对生态与文明的关系、经济发展与生态环境保护的关系、生态环境与生产力之间的关系的辩证阐释。这一科学论断强调绿色发展模式，揭示了保护生态环境就是保护生产力、改善生态环境就是发展生产力的道理，指明了实现发展和保护协同共生的新路径，已成为习近平生态文明思想的重要组成部分。

人与自然和谐共生的现代化是中国式现代化新道路的重要内涵之一。加强生态文明建设是贯彻新发展理念、推动经济社会高质量发展的必然要求，是实现经济社会发展和生态环境保护协调统一、人与自然和谐共生的根本之策。面对资源约束趋紧、环境污染严重、生态系统退化的严峻形势，我们必须秉承“绿水青山就是金山银山”的理念，把生态文明建设放在突出地位，融入经济建设、政治建设、文化建设、社会建设各方面和全过程，努力建设美丽中国，实现中华民族永续发展。

七、实施成效

通过本案例教学，学生的思维能力、实践能力和思政意识均能有所提高。

首先，在思维能力上，思政案例解析弥补了理论知识的单调性，教学方式采用理论与实践相结合、讲授与讨论相结合的模式，激发学生进行参与式学习、自主性思考，提升学生的辩证思维能力。

其次，在实践能力上，本案例教学通过课中的思想碰撞与课后的独立思考，激励学生运用财政学理论对现实问题进行分析，引导学生了解国情、理解中国，既看到财政在环境治理中发挥的重要作用，又看到当前环境保护税法存在的问题。

最后，在思政意识上，本案例教学将课程思政元素贯穿课堂讲解中，引导学生运用习近平新时代中国特色社会主义思想看待经济发展中的环境保护问题，增进学生对国家制度和改革发展成就的理性认同，激发学生的爱国之情、社会责任感和担当意识。

参考文献

[1]《公共财政概论》编写组. 公共财政概论 [M] 北京：高等教育出版社，2019.

[2] 马骁，周克清. 财政学 [M]. 5 版. 北京：高等教育出版社，2022.

[3] 杜晓，张国庆. 排污费改环保税有何不同？企业尝到少排少缴甜头 [EB/OL].（2018-05-17）[2023-10-10]. http://www.chinanews.com/cj/2018/05-17/8515679.shtml.

[4] 包存宽，王丽萍. 以生态文明为引领牢固树立环保四个自信 [N]. 中国环境报，2017-10-19（03）.

[5] 中共中央国务院关于加快推进生态文明建设的意见 [EB/OL]. (2015-05-05) [2023-10-10]. http://www.xinhuanet.com//politics/2015-05/05/c_1115187518.htm.

[6] 谢玉洁."排污费改环境税"转换下的效益探析及实施建议 [J]. 中国集体经济，2020 (21)：106-108.

[7] 王齐齐. 国内环境税研究回顾及展望（1998—2019 年）：基于 CiteSpace 的可视化分析 [J]. 林业经济，2020 (7)：27-40.

[8] 袁素芬，于江丽，方丹彤.《环境保护概论》课程中的思政元素挖掘与探索实践 [J]. 中国多媒体与网络教学学报，2020 (4)：176-178.

[9] 国家税务总局办公厅. 税收力量助推绿色发展 [EB/OL]. (2019-08-08) [2023-10-10]. http://www.chinatax.gov.cn/n810219/n810724/c4567904/content.html.

明确财权事权，办好人民满意的教育

黄健

一、知识要点

理解概念：教育的概念、属性及层次性。

掌握理论：政府介入教育领域的理论依据、财政教育支出的范围和领域。

二、教学目标

（一）能力培养

系统思维能力：教师讲授教育的概念、属性及层次性，政府介入教育的理论基础，教育支出的范围与领域，相关的经济学理论；结合党的十八大以来我国教育的现实考察和教育工作方面取得的成就，引导学生理性看待教育体系改革，系统理解“教育是国之大计、党之大计”，教育、科技、人才是全面建设社会主义现代化国家的基础性、战略性支撑，教育与人民群众获得感、幸福感、安全感息息相关。

实践判断能力：教师根据案例材料，引导学生深刻体会教育支出的作用，深入了解我国教育支出发展的现状，全面掌握国内外教育体系建设的实践发展。在此基础上，教师引导学生就我国目前存在的财政教育支出问题和教育公平问题，运用适当的理论知识，提出合理的解决建议。

批判思维能力：教师通过课程教学，引导学生全面审视在财权事权匹配理论下的教育财政理论框架，对教育财政制度的演变、运行、实质以及社会影响等进行批判性分析，明确没有可以完全照搬和全盘照抄的教育财政体系。教师引领学生积极学习和探索国外教育支出的可借鉴经验，主动探索具有中国特色、以人民为中心的教育事业，大力“办好人民满意的教育”。

（二）价值塑造

形成专业意识：教师通过相关案例教学，让学生掌握财权事权匹配理论并全面理解财政支出对教育均等化的助力作用，深刻理解坚持教育优先发展、科技自立自强、人才引领驱动，加快建设教育强国、科技强国、人才强国，坚持为党育人、为国育才，全面提高人才自主培养质量，着力造就拔尖创新人才，聚天下英才而用之。

增强前沿意识：教师通过案例教学，培养学生关注社会热点问题、现实问题、时事新闻和政策变化的意识。教育作为国之大计、党之大计，是人民幸福、民族振兴、社会进步的基石。教师通过案例教学，引领学生关注政策的动态变化，了解全方位改善人民生活的政治举措，增强政治意识和提高政治站位。

增强社会责任感：教师引导学生深入社会、深入群众、了解国情，始终坚持以人民为中心的发展思想，立志坚定不移听党话、跟党走，怀抱梦想又脚踏实地，敢想敢为又善作善成，立志做有理想、敢担当、能吃苦、肯奋斗的新时代好青年。

三、教学重点与难点

（一）教学重点

学习党的十八大以来我国教育建设取得的成就，理解政府介入教育领域的原因，掌握教育服务均等化的内涵、教育支出的范围与领域，思考中央与地方财政在教育方面的财权和事权的划分如何使得教育均等化服务更加有效推行。

（二）教学难点

政府介入教育领域的原因、教育服务均等化的内涵、中央与地方的财政教育事权和支出责任划分等专业知识与全面建成社会主义现代化强国和全面推进中华民族伟大复兴相结合，更深入体会“办好人民满意的教育”的深刻含义。

四、课程思政案例介绍

（一）案例的支撑材料

1. 中国教育支出的持续增长情况（以义务教育和高等教育为例）

截至2019年年底，我国九年义务教育巩固率为94.8%，高中教育毛入学率为89.5%，高等教育毛入学率为51.6%，位居世界前列。政府对教育的投入在进入21世纪以来快速增长，从2012年开始实现了国家财政性教育支出占国内生产总值的比重达4%以上，教育已经成为我国公共财政的第一大支出。

以义务教育和高等教育为例，2012—2021年，财政性义务教育经费从1.17万亿元增加到2.29万亿元，占国家财政性教育经费投入的比例始终保持在50%以上；小学生均经费支出从每生每年7 447元增至14 458元，初中生均经费支出从每生每年10 218元增至20 717元；义务教育专任教师总数从909万人增至1 057万人，本科以上学历教师占比由47.6%提高至77.7%。以2019年的数据为例，我国高等教育建设在经费投入、学校发展方面都取得了一定进展。2019年，全国高等教育经费总投入为13 464亿元，比上年增长11.99%；共有普通高等学校2 688所，研究生培养单位828个。

2. 财政补贴让孩子们吃上“营养午餐”

中国特色社会主义进入了新时代，我国的主要矛盾已经转变成人民日益增长的美好生活需要和不平衡不充分的发展之间的矛盾，追求高质量教育、寻求均衡发展成为义务教育的重要任务。

明水县地处大兴安岭南麓集中连片特困地区，是国家脱贫攻坚的重点区域之一。十多年前，作为农村义务教育学生营养改善计划试点县，明水县2 000多名农村学生开始享受每天4元的营养补贴。自2017年3月起，明水县主动“勒紧裤腰带”，决定为农村义务教育阶段学生增加每天5元的补贴。利用这9元钱，经县里统一招标，孩子们享受到安全可口的营养午餐。据统计，2018年，明水县营养餐计划共使用国家专项资金372万元，县级资金465万元。这项计划已覆盖明水县9个乡镇的9所学校，5 700多名农村学生从中受益，未来范围还将进一步扩大。

3. 特岗教师计划让更多大学生师资进入乡村

80后“最美乡村教师”刘习聪在大学毕业后作为特岗教师先后在贵州

和湖南的山区学校任教。十多年来，他为学生争取了学习用品、体育器材、餐具等物品，为学校引资修建了自来水管道、宿舍、电网、食堂等设施。在他的鼓励和帮助下，学校先后有150多人接受了高中以上教育，50多人考上了大学和公费师范生。

特岗教师计划是国家为了解决农村学校师资力量不足和结构不合理等问题制定的一项政策，通过公开招聘引导和鼓励高校毕业生从事农村义务教育工作，促进优质的教师资源和先进的教育理念辐射到贫困地区。特设岗位教师的工资由中央和地方政府共同负担。以2014年西部地区为例，中央按照人均2.7万元/年的标准发放工资性补助，其他津贴补贴由地方财政负责筹措落实资金。运用创新机制引进优秀的师资力量弥合教育地域差异是在脱贫攻坚以及实现教育均等化背景下的新探索。

目前，乡村教师队伍整体素质大幅提升，本科以上学历占51.6%。在中央和地方财政的共同支持下，营养午餐端到了学生的餐桌上，更多名师走进教育资源相对匮乏的学校，优质的课程通过互联网传入偏远地区。无疑，义务教育阶段优质资源的覆盖面逐步扩大。

尽管财政在促进教育发展方面取得了卓越的成效，但要实现教育均等化我国还有很长的路要走。例如，我国还需要尽快解决农村教育投入不足、教育资源总量不足、教育观念落后等问题。由此可见，实现教育均等化是一项任重道远的工作，需要各方面共同努力。

4. 高校学生资助政策让贫困学子“圆梦大学”

我国高校学生资助的具体项目主要包括国家奖（助）学金、国家助学贷款、勤工助学、赴基层就业享受学费补偿代偿、应征入伍服兵役国家资助、退役士兵考入普通高校学费资助、师范生免费与补助、学费减免、新生入学资助、特殊困难补助或补贴、校内无息借款等。

随着我国高校学生资助政策体系的逐步建立健全，当前我国高校学生资助已经形成“以奖贷助为主、勤补免为辅，外加绿色通道”的政策内容体系。2017年，在高校学生各项资助经费分配结构中，国家助学金占比为29.7%，国家助学贷款发放和贴息占比为29.84%，国家奖学金占比为22.16%，“奖助贷”占比为81.7%。2021年，各类奖学金共奖励全国普通高等教育学生714.52万人次，奖励金额260.58亿元，占普通高等教育资助资金总额的17.97%；各类助学金共资助全国普通高等教育学生1 283.10万人次，资助金额 485. 57 亿元，占普通高等教育资助资金总额的 33. 48%；全国发放国家助学贷款 532. 80 万人，发放金额 430. 86 亿元，占普通高等教育资助资金总额的 29. 71%；“奖助贷”占比为 81. 16%。

2021 年，政府、高校以及社会设立的各项普通高等教育学生资助政策，共资助全国普通高等教育学生 3 925. 77 万人次，资助资金 1 450. 40 亿元。全国各级财政投入普通高等教育学生资助资金共计 819. 28 亿元，占 2021 年普通高等教育资助资金总额的 56. 49%。其中，中央财政资金 552. 24 亿元，占普通高等教育资助资金总额的 38. 08%，占财政资金总额的 67. 41%；地方财政资金 267. 04 亿元，占普通高等教育资助资金总额的 18. 41%，占财政资金总额的 32. 59%。

（二）案例的思政元素

1. 从我国主要矛盾变化看新时代教育发展

新时代我国教育面临实现高质量发展、加快推进教育现代化、建设教育强国的重任。当前，教育的基本矛盾是人民群众的多样化、个性化教育需求与单一性、粗放性教育供给之间的矛盾。这是中国特色社会主义进入新时代，我国主要矛盾转变在教育方面的体现，意味着教育改革发展的主要取向需要适时做出调整。政府要给人民提供丰富多元的教育资源，扩大教育资源的选择性；鼓励学校践行以人为本、因材施教，努力“办好人民满意的教育”。我国应探索多元化的教育，不断深化教育改革，在地区间构建合理、公平的教育发展格局，进一步缩小城乡间的差距，实现真正意义上的教育公平和可持续发展。

党的十八大以来，党和政府高度重视教育均等化的发展。2016 年 5 月，国务院办公厅出台《关于加快中西部教育发展的指导意见》，对中西部教育改革发展进行顶层设计，教育资源进一步向中西部倾斜，从而大力促进中西部教育的公平发展。随迁子女作为城镇教育改革发展中需要关注的重点对象，其教育问题的解决关涉新型城镇化战略的实施。为此，教育部要求从 2021 年起，各地均不得要求家长提供计划生育、超龄入学、户籍地无人监护等证明材料，精简不必要的证明材料，鼓励有条件的地方仅凭居住证入学。此外，国务院及教育部等职能部门先后出台与实施了《乡村教师支持计划（2015—2020 年）》《国家贫困地区儿童发展规划（2014—2020 年）》《“十四五”学前教育发展提升行动计划》《“十四五”县域普通高中发展提升行动计划》《“十四五”特殊教育发展提升行动计划》等，通过倾斜政策，精准帮扶、分类施策、全面保障，带动我国教育事业取得长足进步。

2. 习近平总书记关于教育的重要论述

党的十八大以来，以习近平同志为核心的党中央高度重视教育工作，把教育摆在优先发展战略地位，做出了优先发展教育、以教育现代化支撑国家现代化、加大投资于人的力度等战略部署。习近平总书记强调，教育是功在当代、利在千秋的德政工程，对提高人民综合素质、促进人的全面发展、增强中华民族创新创造活力、实现中华民族伟大复兴具有决定性意义。

我们要坚持把优先发展教育事业作为推动党和国家各项事业发展的重要先手棋，不断使教育同党和国家事业发展要求相适应，同人民群众期待相契合，同我国综合国力和国际地位相匹配，不断促进教育事业发展成果更多更公平惠及全体人民。

习近平总书记在党的二十大报告中指出，要实施科教兴国战略，强化现代化建设人才支撑，办好人民满意的教育；坚持教育优先发展、科技自立自强、人才引领驱动，加快建设教育强国、科技强国、人才强国，坚持为党育人、为国育才，全面提高人才自主培养质量，着力造就拔尖创新人才，聚天下英才而用之；全面贯彻党的教育方针，落实立德树人根本任务，培养德智体美劳全面发展的社会主义建设者和接班人。

3.“办好人民满意的教育”与中国式现代化的关系

“办好人民满意的教育”要坚持以人民为中心发展教育，加快建设高质量教育体系，发展素质教育，促进教育公平；加快义务教育优质均衡发展和城乡一体化，优化区域教育资源配置，强化学前教育、特殊教育普惠发展，坚持高中阶段学校多样化发展，完善覆盖全学段学生资助体系；统筹职业教育、高等教育、继续教育协同创新，推进职普融通、产教融合、科教融汇，优化职业教育类型定位；加强基础学科、新兴学科、交叉学科建设，加快建设中国特色、世界一流的大学和优势学科；引导规范民办教育发展；加大国家通用语言文字推广力度；深化教育领域综合改革，加强教材建设和管理，完善学校管理和教育评价体系，健全学校家庭社会育人机制；加强师德师风建设，培养高素质教师队伍，弘扬尊师重教社会风尚；推进教育数字化，建设全民终身学习的学习型社会、学习型大国。

中国式现代化是中国共产党领导的社会主义现代化，既有各国现代化的共同特征，更有基于国情的中国特色。中国式现代化是人口规模巨大的现代化。我国 14 亿多人口整体迈进现代化社会，规模超过现有发达国家人口的总和，艰巨性和复杂性前所未有，发展途径和推进方式也必然具有自己的特点。中国式现代化是全体人民共同富裕的现代化。共同富裕是中国特色社会主义的本质要求，也是一个长期的历史过程。我们坚持把实现人民对美好生活的向往作为现代化建设的出发点和落脚点，着力维护和促进社会公平正义，着力促进全体人民共同富裕，坚决防止两极分化。中国式现代化是物质文明和精神文明相协调的现代化。物质富足、精神富有是社会主义现代化的根本要求。物质贫困不是社会主义，精神贫乏也不是社会主义。我们不断厚植现代化的物质基础，不断夯实人民幸福生活的物质条件，同时大力发展社会主义先进文化，加强理想信念教育，传承中华文明，促进物的全面丰富和人的全面发展。

“办好人民满意的教育”和实现中国式现代化之间是相互联系、相互促进的关系。“办好人民满意的教育”，促进教育公平，使人民群众获得感、幸福感、安全感更加充实、更有保障、更可持续，有助于实现人口规模巨大、全体人民共同富裕、物质文明和精神文明相协调的现代化；中国式现代化的本质要求是坚持中国共产党领导，坚持中国特色社会主义，实现高质量发展，发展全过程人民民主，丰富人民精神世界，实现全体人民共同富裕，促进人与自然和谐共生，推动构建人类命运共同体，创造人类文明新形态。在实现中国式现代化的过程中，我们要加强理想信念教育，促进人的全面发展。

五、教学方法

（一）案例解析法

教师和学生以中国教育支出的持续增长情况、财政补贴让孩子们吃上“营养午餐”、特岗教师计划让更多大学生师资进入乡村、高校学生资助政策让贫困学子“圆梦大学”为案例样本，了解目前我国财政教育支出的发展情况、义务教育的发展态势以及高等教育领域财政事权和支出责任划分等，结合时事案例分析财政在中国教育领域发挥的重要作用。

（二）讨论教学法

教师根据相关案例和资料，结合时事案例和有关政策，在课堂上对案例进行简要说明，提出相关思考问题，鼓励学生开展小组讨论后在课堂上分享心得，使学生充分理解财政在中国教育事业中发挥的重要作用。

六、教学实施过程

（一）课前准备

（1）学生需要预习财政教育支出的基本知识，查阅相关资料了解我国义务教育发展的相关态势以及高校学生资助政策的相关内容。

（2）教师需要提前收集案例相关资料，深入挖掘其中的思政元素，以此为基础结合时事案例和有关政策，在课堂上对案例进行简要说明，提出相关思考问题。

（二）导入新课

教师通过案例介绍分析导入课程内容，引导学生思考政府对教育事业大力支持的原因和我国教育支出的现状及政策选择。分析政府介入教育领域的理论依据：第一，教育对全民族文化素质的提高、对社会秩序的稳定、对整个社会技术进步的推动等都具有很强的正外部性；第二，教育是促进社会公平的重要途径；第三，教育支出对社会经济发展与增长具有决定性作用；第四，政府通过主办教育并为教育贷款提供担保，有利于弥补教育资本市场不足的缺陷。

（三）讨论与思考

教师根据课程知识点与案例的讲解，引导学生思考以下五个问题，进行小组讨论并回答：

（1）如何理解基本公共教育服务均等化的内涵？

（2）从“营养午餐”和“特岗教师”两个实例中谈谈中央与地方财政在义务教育方面的事权和支出责任是如何划分的，其依据是什么？

（3）依据高校学生资助政策，谈谈中央与地方财政事权和支出责任在高等教育学生资助领域是如何划分的？

（4）在完成脱贫攻坚、全面建成小康社会的历史任务，实现第一个百年奋斗目标之后，如何更好地优化农村义务教育经费投入？

（5）结合习近平总书记关于教育的重要论述，谈谈如何才能实现教育事业发展成果更多更公平惠及全体人民？

（四）分析思路

（1）如何理解基本公共教育服务均等化的内涵？

参考答案：

基本公共教育服务均等化是基于“以人为本”而提出的教育政策与实践，目的是为不同教育对象在不同阶段提供大致均等的公共教育服务。党的十八大报告强调，要保证人民平等参与、平等发展的权利。教育公平是人发展起点的公平，是教育平等和教育发展始终应该坚持的一个基本目标。

基本公共教育服务均等化不是简单的平均化和无差异化，而是在承认地区间、城乡间在经济发展、自然条件等方面存在差异的前提下，为所有公民都提供一定标准的基本公共教育。目前，我国已全面实现“基本普及九年义务教育”和“基本扫除青壮年文盲”的目标，入学的机会均等问题基本得到解决。然而，不同人群享受的服务标准和水平差距仍然明显。在这种情况下，一定的倾斜性政策有助于改变长期以来由于自然、经济、社会原因造成的落后，实现全体社会成员的共同发展。例如，为家庭经济困难学生建立教育资助体系、为贫困地区农村义务教育学生实施“营养改善计划”和向中西部地区输送优秀教师资源的“特岗教师计划”等。

（2）从“营养午餐”和“特岗教师”两个实例中谈谈中央与地方财政在义务教育方面的事权和支出责任是如何划分的，其依据是什么？

参考答案：

营养午餐是中央财政为义务教育阶段学生提供营养膳食补助，特岗教师是中央实施的一项对中西部地区农村义务教育的特殊政策。营养午餐的财政补助来自中央财政，而特岗教师所需资金由中央和地方共同负担，以中央为主，通过中央财政对特岗教师给予工资性补助。这些政策对承担义务教育直接责任而财力不足的基层政府进行财政资源转移，有助于改善教育投入不足和教育资源不平衡的问题。

《教育领域中央与地方财政事权和支出责任划分改革方案》指出，根据教育领域公共服务的特点，遵循教育规律，体现中国特色，抓紧形成中央领导、合理授权、系统完整、科学规范、权责清晰、运转高效的教育领域财政事权和支出责任划分模式，加快建立权责清晰、财力协调、区域均衡的中央和地方财政关系。具体而言，涉及学校日常运转、校舍安全、学生学习生活等经常性事项，所需经费一般根据国家基础标准，明确中央与地方财政分档负担比例，中央财政承担的部分通过共同财政事权转移支付安排；涉及阶段性任务和专项性工作的事项，所需经费由地方财政统筹安排，中央财政通过转移支付统筹支持。

中央和地方共同承担教育支出，一方面有利于中央政府将财力集中到基本公共服务均等化方面，有效缓解财政困难地区的财政压力，保障人民能够享受基本的公共服务；另一方面能促进地方政府主动承担属于地方的经济和社会发展责任，提高地方政府提供公共产品和公共服务的水平与效率。

（3）依据高校学生资助政策谈谈，中央与地方财政事权和支出责任在高等教育学生资助领域是如何划分的？

参考答案：

“财权”是指一级政府为履行公共职能而拥有的财政收入权，具体可以包括财政资金的筹集权与支配权。“事权”是指一级政府在基本公共服务和公共产品提供中应承担的供给责任。“财政事权”是指政府运用财政资金提供基本公共服务和公共产品的职责以及对相应财政资金进行支配、管理、使用的权利。“支出责任”是指政府为履行财政事权从而实际产生的支出义务。

2019 年 5 月，国务院印发《教育领域中央与地方财政事权和支出责任划分改革方案》，进一步明确将高等教育学生资助确认为中央与地方共同财政事权，其中高等院校国家助学金由中央与地方财政主要按照高等院校的隶属关系分别承担支出责任，同时中央财政分档按不同比例补助地方高等院校；将高等院校国家奖学金等资助项目明确为中央财政事权，由国家制定相关资助标准，所需经费由中央财政承担；高等院校国家助学贷款贴息和风险补偿金补助中跨省份就读学生所需经费由中央财政承担，本省份就读学生所需经费由地方财政承担或中央与地方财政分档按比例分担。同时，该改革方案明确提出，高等教育所需财政补助经费主要按照隶属关系等由中央与地方财政分别承担，中央财政通过转移支付对地方统筹给予支持。

教育公平是社会公平的重要表现，随着党和政府越来越重视教育公平，我国已经建立起健全的资助育人体系，该资助育人体系包括国家助学金、国家助学贷款、勤工助学、伙食补贴、校内助学金、学费减免等多项内容，有力保障了贫困学生正常接受高等教育，推动了教育公平的发展，有助于形成稳定的社会秩序。

（4）在完成脱贫攻坚、全面建成小康社会的历史任务，实现第一个百年奋斗目标之后，如何更好地优化农村义务教育经费投入？

参考答案：

脱贫攻坚完成之前，我国农村义务教育经费投入存在增速放缓、中部地区投入相对不足、与城市存在差距三大问题。以 2012—2019 年的情况为例，在这一期间，全国农村义务教育经费投入总量呈现持续增长的态势，但增长率整体呈现减小趋势。我国农村义务教育经费投入总量由 2012 年的 6 085 亿元增长到 2019 年的 12 060 亿元，累计增长一倍左右。我国农村义务教育经费投入年增长率在 2013—2015 年先下降后上升，2015 年后呈现逐年下降的态势，其中增长率最高的年份出现在 2013 年，达到 20%，增长率最低的年份是 2019 年，仅有 5%。中部地区农村小学、初中一般公共预算生均事业费支出的最大值、最小值和均值始终低于东部和西部地区，显示出在绝对数量上的“塌陷”状态。自 2012 年以来，我国农村小学、初中生均教育经费都呈现逐年增长的趋势，但农村学校生均教育经费投入显著低于城市学校，且这种差距在逐年扩大。具体来看，自 2012 年起，义务教育阶段的农村中小学生均经费投入与城市差距逐渐缩小，在 2014 年达到最小值，当年城市小学生均经费比农村小学生均经费多 693 元、城市初中生均经费比农村初中生均经费多 1 042 元。此后农村、城市义务教育经费虽然仍在增长，但城市与农村之间的差距开始逐年拉大。截至 2019 年年底，农村小学生均经费与城市小学生均经费的差值达到 2 556 元，农村初中生均经费与城市初中生均经费的差值则有 6 332 元，并仍有继续扩大的趋势。

在完成脱贫攻坚、全面建成小康社会的历史任务，实现第一个百年奋斗目标之后，面对我国农村义务教育经费投入存在增速放缓、中部地区投入相对不足、与城市差距拉大这三大问题，更好地优化农村义务教育经费投入需要做到以下三点：

首先，厘清各级政府在农村义务教育经费投入中的职责。我国应通过明确各级政府之间的责任划分，尽量减少上下级政府之间存在的博弈空间，从而保持农村义务教育经费投入的稳定性、长效性和规范性。

其次，加强保障农村义务教育经费投入的立法监督工作。农村义务教育经费在设立合适的投入机制的同时，也需要加强立法监督工作来保障落实程度。

最后，扩大农村义务教育经费投入来源。各地区对教育的重视程度不同、当地的经济发展水平不同，造成不同地方教育经费投入参差不齐，平衡和扩大经费投入量成为当务之急。

（5）结合习近平总书记关于教育的重要论述，谈谈如何才能实现教育事业发展成果更多更公平惠及全体人民？

参考答案：

我国始终坚持科教兴国和人才强国战略，始终把教育放在优先发展的战略位置。教育是关乎国计民生的大事，任何人都不能置身事外。政府要保障教育事业发展资金需要，保持财政教育工作和财政教育政策的连续性，增强前瞻性、针对性和有效性。一是我国要完善体制机制，着力促进教育投入持续稳定增长，进一步完善教育预算拨款制度和投入机制。二是我国要优化支出结构，坚持精准施策，更加注重用好增量、盘活存量，重点保基本、补短板、促公平、提质量。三是我国要强化资金管理，着力提升财政资源配置效率和使用效益，坚持法治思维和可持续发展，更加注重突出绩效导向，提高财政管理水平。

此外，坚持以人民为中心发展教育，必须高度重视教师在教育中的关键地位和作用，必须重视学生在教育中的主体地位，必须高度重视人民群众实实在在的获得感。唯有始终不渝地坚持从人民利益出发，视教育为民生之基，把教育发展的出发点和落脚点归结到实现好、维护好、发展好最广大人民根本利益上来，才能把教育发展成果普惠于全体人民。

（五）归纳总结

教师根据学生小组讨论结果，总结明确财权事权的重要内涵与知识点，让学生在回顾所学习知识的基础上，更深入地理解“办好人民满意的教育”这一目标。

七、实施成效

案例教学能够充分调动学生的学习积极性和自主性，实现师生双向互动，取得更好的教学成效。通过本案例教学，学生可以在学习“科教文卫支出”中教育支出相关知识点的同时，充分理解财政在中国教育事业中发挥的重要作用。教师将财政理论和思政元素贯穿课堂讲解中，让学生认识到财政在“办好人民满意的教育”中发挥着重要的助推作用。“办好人民满意的教育”与中国式现代化相互关联，实现教育现代化和实现中华民族伟大复兴的强国梦是紧密相连的。

参考文献

[1] 简新华，王裕国，马骁，等. 学习阐释中国共产党二十大报告笔谈 [J]. 财经科学，2022（11）：1-26.

[2] 雷万鹏，张子涵. 公平视野下农民工随迁子女教育政策研究 [J]. 华中师范大学学报（人文社会科学版），2022（6）：144-153.

[3] 孙静. 高等教育领域中央与地方财政事权和支出责任划分问题研究 [J]. 财政科学，2021（7）：67-75.

[4] 赵瑜. 我国大学生助学贷款机制优化研究 [J]. 中国管理信息化，2021（9）：167-169.

[5] 田静. 教育公平视域下资助育人的价值意蕴和实现路径 [J]. 新课程研究，2020（3）：70-72.

[6] 马海涛，郝晓婧. 中央和地方财政事权与支出责任划分研究：以公共教育领域为例 [J]. 东岳论丛，2019（3）：46-59，191.

[7] 洪柳. 我国高校贫困生资助体系的历史、问题与精准化路径 [J]. 湖南师范大学教育科学学报，2018（5）：103-109.

[8] 韩丽丽，李廷洲. 改革开放 40 年我国高等教育资助体系的回顾与展望 [J]. 中国高教研究，2018（6）：29-36.

[9] 李超，万海远，田志磊. 为教育而流动：随迁子女教育政策改革对农民工流动的影响 [J]. 财贸经济，2018（1）：132-146.

财政科学技术支出助推创新型国家建设

李芳慧

一、知识要点

理解概念：科学技术研究的分类与属性。

掌握理论：财政投入科技领域的理论依据、政府支持科技发展的方式。

二、教学目标

（一）能力培养

系统思维能力：教师引导学生系统了解科学技术与社会经济发展之间的关系、财政科技支持方向、财政科技支出规模等情况，培养学生系统性思考问题的能力。

实践判断能力：教师引导学生联系公共产品相关知识对科学技术研究属性加以判断，并进一步引导学生对财政投入科技创新的原因加以判断和分析。

批判思维能力：教师结合我国政府科技支出情况，鼓励学生探索财政支持科技的方式，并对财政科学技术支出的未来发展方向提出自己的见解与建议。

（二）价值塑造

形成专业意识：教师帮助学生理解科学技术研究的属性及财政支持科技创新的理论依据。

增强前沿意识：教师培养学生关注科技创新发展的热点问题，关注中美科技竞争等现实问题，把握中国科技创新体制的变迁与举国体制的效果。

增强社会责任感：教师引导学生理解当前中国科学技术的发展趋势，理解财政科技支出对建设创新型国家的重要作用。

三、教学重点与难点

（一）教学重点

科学技术研究的分类与属性（基础性科学研究与应用性科学研究的差异性特征）。

（二）教学难点

财政投入科技领域的原因（基础性研究和基础性科技成果具有较强的公共产品特性，科学技术具有正外部性）；政府支持科技发展的方式（健全科技投入机制，完善税收激励政策，优化政府采购制度）。

四、课程思政案例介绍

（一）案例的支撑材料

1. 500 米口径球面射电望远镜

500 米口径球面射电望远镜（five hundred meters aperture spherical radio telescope，FAST）是国家科教领导小组审议确定的国家九大科技基础设施之一，采用我国科学家独创的设计和我国贵州南部的喀斯特洼地的独特地形条件，建设的一个约 30 个足球场大的高灵敏度的巨型射电望远镜。

我国的“天眼”工程（FAST）于 2011 年 3 月正式动工修建，于 2016 年正式落成，并于 2016 年 9 月正式启用。据统计，FAST 建设期间，我国一共花费了 11.5 亿元，而且每天的维护费需要 40 万元。

据中国科学院国家天文台负责人介绍，FAST 是目前世界上灵敏度最高的望远镜，是世界上最大口径的射电望远镜。FAST 可以把我们探测宇宙天体的能力，拓展到 137 亿年前。100 米口径的德国波恩望远镜曾号称“地面最大的机器”，中国的 FAST 与它相比，灵敏度提高约 10 倍。300 米口径的美国阿雷西博望远镜，50 多年一直无人超越，中国的 FAST 与它相比，综合性能提高约 10 倍，FAST 将在未来 10~20 年保持世界一流设备的地位。

（1）天文科学应用价值巨大。FAST 在国家重大需求方面具有重要的应用价值，它把中国空间测控能力由地球同步轨道延伸至太阳系外缘，将深空通信数据下行速率提高 100 倍；把脉冲星到达时间测量精度由 120 纳秒提高至30纳秒，成为国际上最精确的脉冲星计时阵；进行高分辨率微波巡视，以1赫兹的分辨率诊断识别微弱的空间信号，作为被动战略雷达为国家安全服务；作为“子午工程”的非相干散射雷达接收系统，提供高分辨率和高效率的地面观测；跟踪探测日冕物质抛射事件，服务于太空天气预报。

FAST作为一个多学科基础研究平台，有能力将中性氢观测延伸至宇宙边缘，观测暗物质和暗能量，寻找第一代天体。FAST能用一年时间发现约7 000颗脉冲星，研究极端状态下的物质结构与物理规律；有希望发现奇异星和夸克星物质；发现中子星——黑洞双星，无需依赖模型精确测定黑洞质量；通过精确测定脉冲星到达时间来检测引力波；作为最大的台站加入国际甚长基线网，为天体超精细结构成像；可能发现高红移的巨脉泽星系，实现银河系外第一个甲醇超脉泽的观测突破；用于搜寻识别可能的星际通信信号，寻找地外文明，等等。

FAST的研究涉及了众多高科技领域，如天线制造、高精度定位与测量、高品质无线电接收机、传感器网络及智能信息处理、超宽带信息传输、海量数据存储与处理等。FAST的关键技术成果可以应用于诸多相关领域，如大尺度结构工程、公里范围高精度动态测量、大型工业机器人研制以及多波束雷达装置等。FAST的建设经验对我国制造技术向信息化、极限化和绿色化的方向发展产生影响。

（2）提振当地经济。据央视新闻联播报道，仅围绕FAST圈梁的用钢量就已经达到5 000多吨，几乎可以建造一座埃菲尔铁塔。为了支撑这样一个巨型的反射面板，建设团队使用了近9 000根钢索形成了一张超级大网。这对相关的钢铁重工业和航空航天产业都带来了巨大的经济效益。

FAST落户贵州，使贵州铝厂、贵州振华集团、江南航天集团、贵州航空工业集团等企业和贵州科学院、贵州大学等科研院校有机会直接参与该项目建设。FAST为贵州以全力支持国家超大型科学装置建设为切入点谋求重大发展机遇、加速提升科技经济水平，开辟了新渠道，对贵州装备制造业、铝工业结构升级有重大意义。FAST不仅加快提升铝工业和装备制造业的创新能力，加快铝材料高新技术企业的成长和高性能高科技铝产业链的形成，而且促进了贵州机电行业等的技术进步和技术升级。

（3）促进西部发展。FAST建在贵州，使得边远闭塞的黔南喀斯特山区变成世人瞩目的国际天文学术中心，成为把贵州展现给世界的新窗口。

FAST 对中国西南贫困山区的经济发展和社会繁荣产生不可估量的影响，为国家西部开发战略贡献力量。以 FAST 为主体的天文科普基地将推进我国西部甚至全国的科普工作，为科教兴国的长远战略目标服务。

2. 国家科技重大专项

国家科技重大专项（national science and technology major project）是为实现国家重大科技战略发展目标，突破关键核心技术，集成国家资源，在一定时间范围内实现国家重大战略产品、关键共性技术和重大工程的国家行动和任务。国家科技重大专项是我国掌握核心技术自主知识产权，解决关键共性技术和突破瓶颈，实现军民融合和寓军于民的重大战略工程，是实现中国经济和社会快速发展的重大工程。国家科技重大专项是重大科技创新行动的纲领，通常都会分解到国家五年规划之中并有序执行。

重大专项的实施，根据国家发展需要和实施条件的成熟程度，逐项论证启动。同时，根据国家战略需求和发展形势的变化，重大专项进行动态调整，分步实施。重大专项的组织实施将注重与国家重大工程的结合，与国家科技计划的安排协调互动。我国充分发挥市场配置资源的基础性作用，在确保中央财政投入的同时，形成多元化的投入机制，突出企业在技术创新中的主体作用，对具有明确产品和工程目标的专项任务，主要由企业牵头实施。我国建立责权统一的责任机制，按照谁牵头谁负责的原则，加强监督，确保实效。我国集成各方面的力量和资源，广泛调动科技界、企业界、经济界等各方面的积极性，突破事关国计民生和国家安全的重大关键技术，着力培育具有自主知识产权的战略产业，有效提升我国核心竞争力和国际地位。

“科技创新 2020”是以 2020 年为时间节点的重大专项（2006—2020 年），确定 16 项重大专项（其中 3 项未全面公开），主要涉及核高基技术、光刻机技术、第五代移动通信技术、工业母机技术、页岩油气开发技术、大型先进压水堆及高温气冷堆技术、水环境处理技术、转基因育种技术、新型医药技术、新型疫苗技术、C919 工程、高精监测技术、航天探月技术、北斗工程、神光工程、新型火箭技术等。

“科技创新 2030”是以 2030 年为时间节点（2016—2030 年）的中国科技重大专项，确定 16 项重大专项，是主要体现国家战略意图的重大科技项目和重大工程，主要涉及先进制造技术、太空海洋开发利用技术、生物健康技术、电子信息技、能源环境技术、农业技术等。

国家科技重大专项周期基本为 15 年，“科技创新 2020” 与 “科技创新 2030” 有交叉重叠部分，并行进行，一环套一环，中间有衔接有过渡，科学合理。国家科技重大专项看似和普通人没有直接关系，但却可以窥探科技发展未来，其实与每个人息息相关。

3. 我国财政科技支出情况

2022 年 2 月 22 日，国务院新闻办公室举行财政改革与发展工作新闻发布会，财政部领导先后介绍了财政政策支持科技自立自强方面的相关情况。

党的十九届五中全会提出，将科技自立自强作为国家发展的战略支撑。2021 年，财政部支持科技自立自强，推动产业链供应链优化稳定，持续贯彻落实创新驱动发展战略。一方面，财政部持续加大科技投入。2021 年，全国科学技术支出为 0.97 万亿元，同比增长 7.2%，有力支持集成电路、新能源汽车等产业发展和关键核心技术攻关。另一方面，财政部创新完善政策机制，改革完善中央财政科研经费管理，出台新的税费优惠政策，启动专精特新中小企业奖补政策，支持实行 “揭榜挂帅” 机制等，激发科研人员和企业创新创造活力。

财政部坚持把科技自立自强作为国家发展的战略支撑优先保障，持续加大投入，深化管理改革，创新完善政策，推动科技强国建设迈出坚实步伐。2021 年，在中央本级支出继续安排负增长的情况下，财政部通过调整支出结构，使中央本级科学技术支出达到 3 205.54 亿元。

科技立则民族立，科技强则国家强。财政部不断加大财税政策和资金支持力度，优化科技支出结构，推进科技政策扎实落地，让科技这一国之利器更好服务高质量发展，推动建设社会主义现代化强国。

我国的财政科学技术支出（2007—2020 年）见表 1。

表 1　我国的财政科学技术支出（2007—2020 年）

年份	国内生产总值（GDP）/亿元	财政支出/亿元	研发（R&D）经费支出/亿元	财政科技支出/亿元	研发（R&D）经费支出占 GDP 比例/%	财政科技支出占 GDP 比例/%
2007	270 092.3	49 781.35	3 710.2	2 135.7	1.37	0.79
2008	319 244.6	62 592.66	4 616.0	2 611.0	1.45	0.82
2009	348 517.7	76 299.93	5 802.1	3 276.8	1.66	0.94
2010	412 119.3	89 874.16	7 062.6	4 196.7	1.71	1.02

表1（续）

年份	国内生产总值（GDP）/亿元	财政支出/亿元	研发（R&D）经费支出/亿元	财政科技支出/亿元	研发（R&D）经费支出占GDP比例/%	财政科技支出占GDP比例/%
2011	487 940.2	109 247.79	8 787.0	4 797.0	1.80	0.98
2012	538 580.0	125 952.97	10 298.4	5 600.1	1.91	1.04
2013	592 963.2	140 212.10	11 846.6	6 184.9	2.00	1.04
2014	643 563.1	151 785.56	13 015.6	6 454.5	2.02	1.00
2015	688 858.2	175 877.77	14 169.9	7 005.8	2.06	1.02
2016	746 395.1	187 755.21	15 676.7	7 760.7	2.10	1.04
2017	832 035.9	203 085.49	17 606.1	8 383.6	2.12	1.01
2018	919 281.1	220 904.13	19 677.9	9 518.2	2.14	1.04
2019	986 515.2	238 858.37	22 143.6	10 717.4	2.24	1.09
2020	1 015 986.2	245 679.03	24 393.1	10 095.0	2.40	0.99

数据来源：《中国统计年鉴（2021）》。

（二）案例的思政元素

1. 财政支持科学技术研究是深入实施科教兴国战略的必然要求

习近平总书记在党的二十大报告中指出：“我们提出并贯彻新发展理念，着力推进高质量发展……一些关键核心技术实现突破，战略性新兴产业发展壮大，载人航天、探月探火、深海深地探测、超级计算机、卫星导航、量子信息、核电技术、大飞机制造、生物医药等取得重大成果，进入创新型国家行列。”党的二十大报告提出：“教育、科技、人才是全面建设社会主义现代化国家的基础性、战略性支撑。必须坚持科技是第一生产力、人才是第一资源、创新是第一动力，深入实施科教兴国战略、人才强国战略、创新驱动发展战略，开辟发展新领域新赛道，不断塑造发展新动能新优势。”党的二十大报告还提出：“完善科技创新体系。坚持创新在我国现代化建设全局中的核心地位。完善党中央对科技工作统一领导体制，健全新型举国体制，强化国家战略科技力量……提升国家创新体系整体效能……形成具有全球竞争力的开放创新生态。”党的二十大报告要求：“加快实施创新驱动发展战略……加快实现高水平科技自立自强。以国家战略需求为导向，集聚力量进行原创性引领性科技攻关，坚决打赢关键核心技术攻坚战。加快实施一批具有战略性全局性前瞻性的国家重大科技项目，增强自主创新能力。”

2. 财政支持科学技术研究对实现“十四五”规划具有重要作用

2021 年，《中华人民共和国国民经济和社会发展第十四个五年规划和 2035 年远景目标纲要》（以下简称《“十四五”规划》）发布。《“十四五”规划》第二篇就是“坚持创新驱动发展 全面塑造发展新优势”。《“十四五”规划》中的一系列重要表述说明，我国政府将采取积极合理的财政政策以推动创新发展。

3. 财政支持科学技术研究符合新发展理念

习近平总书记在党的十八届五中全会上提出创新、协调、绿色、开放、共享的新发展理念，强调创新发展注重的是解决发展动力问题，强调坚持新发展理念是关系我国发展全局的一场深刻变革。新时代坚持和发展中国特色社会主义的基本方略（“十四个坚持”）中提出坚持新发展理念。发展是解决我国一切问题的基础和关键，发展必须是科学发展，必须坚定不移贯彻创新、协调、绿色、开放、共享的新发展理念。我国必须坚持和完善我国社会主义基本经济制度和分配制度，毫不动摇巩固和发展公有制经济，毫不动摇鼓励、支持、引导非公有制经济发展，使市场在资源配置中起决定性作用，更好发挥政府作用，推动新型工业化、信息化、城镇化、农业现代化同步发展，主动参与和推动经济全球化进程，发展更高层次的开放型经济，不断壮大我国经济实力和综合国力。

五、教学方法

本案例的教学采用 BOPPPS 教学法，由导入（bridge-in）、目标（objective）、前测（pre-assessment）、参与式学习（participatory learning）、后测（post-assessment）、总结（summary）六步组成。教师向学生分别展示三个案例，首先，从一个大规模的科技项目引入财政对科学技术创新的支持；其次，以国家科技重大专项引导学生分析科学技术研究的分类与属性，并分析科学技术与社会经济发展之间的关系；最后，通过我国的财政科技支出情况帮助学生了解我国财政在科技领域的支出情况。

六、教学实施过程

本案例教学遵循 BOPPPS 教学法进行教学设计和具体教学实施。具体情况如下：

第一，导入。教师展示案例一（“500 米口径球面射电望远镜”）的简介，包括 FAST 的图片和一些基本数据，吸引学生对科学技术成果产生兴趣，引导学生思考此类大型科技项目得以成功建设完成的原因，进而引入主题——财政科学技术支出。

第二，目标。教师列出学习目标（科学技术研究的分类与属性、财政投入科技领域的理论依据、政府支持科技发展的方式），让学生带着这些问题阅读后续材料，并加以思考和分析。

第三，前测。教师以概念性问题作为前测题目，如公共产品的概念与特征、外部性的概念等，评估学生相关基础知识掌握情况。

第四，参与式学习。首先，教师以 FAST 以及国家科技重大专项作为引入性案例，引出科学技术研究的分类与属性等知识点。其次，教师通过结合学生之前学习的外部性相关知识，引导学生主动思考政府财政投入科技领域的原因。再次，教师通过案例介绍我国政府财政投入科技领域的积极意义，引导学生对我国鼓励创新、积极发展科技的思考（其间，教师融入思政元素，表明科技是第一生产力，财政支持科学技术研究是深入实施科教兴国战略的重要体现，对实现“十四五”目标具有重要作用）。最后，教师通过新闻报道阅读和数据观察，引导学生共同分析我国的财政科技支出情况，并对我国政府支持科技发展的方式进行讨论，结合不同类别的科学技术研究的属性分析政府不同投入方式的原因和目标，同时表明财政支持科学技术研究符合新发展理念。

第五，后测。在案例学习后，教师让学生就我国政府财政科技支出规模与支出形式是否合适、如果有改进的空间应该如何改进、科学技术与社会经济发展的关系、政府研发投入和经济增长的关系等问题进行思考，由学生进行小组讨论并展示讨论结果。

第六，总结。教师对学生的展示进行评价，并对课程内容尤其是其中的重难点（也是主要知识点）进行提炼总结。

七、实施成效

教师通过案例教学方法调动学生的学习积极性，调动学生的学习自主性，实现良好的师生双向互动，取得更好的教学成效。教师通过案例教学，使学生在学习“科教文卫支出”中科学技术支出相关知识点的同时，充分理解财政在中国科技发展过程中发挥的重要作用。在财政理论方面，学生在学习“新知”的同时对“旧知”（公共产品和外部性的相关知识）也加深理解和记忆，建立经济学直觉，提升系统思维能力。在思政方面，教师将思政元素贯穿在课堂讲解中，让学生认识到我国要坚持创新驱动发展，坚定不移贯彻创新、协调、绿色、开放、共享的新发展理念对我国建设和发展中国特色社会主义具有重要作用。

参考文献

[1]《公共财政概论》编写组. 公共财政概论［M］. 北京：高等教育出版社，2019.

[2] 马骁，周克清. 财政学［M］. 5版. 北京：高等教育出版社，2022.

[3] 严成樑. 政府研发投资与长期经济增长［J］. 经济科学，2009(2)：45-59.

[4] 佚名. 财政部：持续优化科技支出结构 科研项目经费中用于“人”的费用可达50%以上［EB/OL］.（2022-02-22）［2023-10-10］. http://tech.cnr.cn/ycbd/20220222/t20220222_525747593.shtml.

[5] 佚名. FAST望远镜将给我们带来什么？［EB/OL］.（2016-07-05）［2023-10-10］. https://www.cas.cn/zt/kjzt/fast/jzjd/201607/t20160705_4567467.shtml.

[6] 佚名. 什么是国家科技重大专项？都有哪些领域？［EB/OL］.（2021-10-08）［2023-10-10］. https://www.sohu.com/a/493965847_120302597.

[7] 习近平. 把握新发展阶段，贯彻新发展理念，构建新发展格局［EB/OL］.（2021-04-30）［2023-10-10］. http://www.qstheory.cn/dukan/qs/2021-04/30/c_1127390013.htm.

公共投资：发挥举国体制优势，打造中国高铁的亮丽名片

李超

一、知识要点

理解概念：公共投资的概念、属性及层次性。

掌握理论：公共投资的范围、领域和方式。

二、教学目标

（一）能力培养

系统思维能力：学生通过阅读材料，提炼财政学课程相关信息；教师通过对材料的分析讲解，帮助学生系统了解相关知识，培养学生分析问题的能力。

实践判断能力：根据案例材料，学生能结合政府的财政职能，理解和分析政府在基础设施领域投资中存在的问题。

批判思维能力：教师结合我国政府公共投资情况，鼓励学生探索公共投资的方式，并对我国新基建的发展提出自己的见解与建议。

（二）价值塑造

形成专业意识：教师帮助学生理解公共投资及其特征，把握我国公共投资的范围及主要方式，正确运用公共投资理论分析现实问题。

增强前沿意识：教师通过案例教学，拓宽学生视野，使学生理解我国新基建投资的特点及对未来科技发展的影响，培养学生养成关注国家发展战略及财政热点问题的学习习惯。

增强社会责任感：教师引导学生深入社会、了解我国高速铁路在国际上的影响力，增进学生对国家制度和高速铁路发展成就的理性认同，激发学生的爱国之情、社会责任感和担当意识，培养知行合一的社会主义事业建设者。

三、教学重点与难点

（一）教学重点

理解公共投资的决策标准。资本产出标准的实质是要求政府投资于产出效率最高的项目；资本-劳动比率最大化标准的实质是要求政府重点投资于资本密集型的项目；劳动创造标准的实质是要求政府投资于劳动密集型的项目。

掌握政府介入基础产业投资的理论依据。基础设施具有一定的非竞争性和非排他性；基础工业具有竞争性、排他性和正外部性，基础产业投资的公共性和正外部性是政府介入基础产业投资的主要理由。

（二）教学难点

基础产业投资的一般模式，包括政府投资，免费提供或收取使用费；私人投资，定期收费补偿成本并适当盈利；政府和社会资本合作（PPP）模式，即政府与社会资本合作提供。

四、课程思政案例介绍

（一）案例的支撑材料

2021 年 1 月 19 日，习近平总书记乘坐京张高铁在太子城站考察时强调："我国自主创新的一个成功范例就是高铁，从无到有，从引进、消化、吸收再创新到自主创新，现在已经领跑世界。要总结经验，继续努力，争取在'十四五'期间有更大发展。"

1. 高铁已成为中国铁路高质量发展的亮丽名片

高铁是交通运输现代化的重要标志，也是一个国家工业化水平的重要体现。我国高铁发展虽然比发达国家晚 40 多年，但依靠党的领导和新型举国体制优势，经过几代铁路人接续奋斗，实现了从无到有、从追赶到并跑、再到领跑的历史性变化。

（1）成功建设了世界上规模最大、现代化水平最高的高速铁路网。

第一，运营里程世界最长。截至2020年年底，我国高铁营业里程达到3.79万千米，占世界高铁总里程的69%。

第二，商业运营速度世界最快。我国是世界上唯一实现高铁时速350千米商业运营的国家，树起了世界高铁商业化运营的标杆，以最直观的方式向世界展示了“中国速度”。

第三，运营网络通达水平世界最高。从林海雪原到江南水乡，从大漠戈壁到东海之滨，我国高铁跨越大江大河、穿越崇山峻岭、通达四面八方，“四纵四横”高铁网已经形成，“八纵八横”高铁网正加密成形，高铁已覆盖全国92%的50万人口以上的城市。

（2）形成了具有自主知识产权的世界先进高铁技术体系。

第一，高铁工程建造领域。我国高铁适应我国地质及气候条件复杂多样的特点，以原始创新为主，在高铁路基、轨道、长大桥梁、长大隧道、大型客站和系统集成等方面攻克了大量世界性技术难题，系统掌握了不同气候环境、不同地质条件下建造高铁的成套技术。

第二，高铁技术装备领域。我国高铁以引进先进技术、联合设计生产的和谐号动车组为基础，持续深化自主创新，突破技术瓶颈，成功研制拥有完全自主知识产权和世界先进水平的复兴号中国标准动车组，其中复兴号智能动车组在世界上首次实现时速350千米自动驾驶功能。

第三，高铁运营管理领域。我国高铁全面掌握了复杂路网条件下高铁运营管理成套技术，创新了复杂路网条件下不同速度等级高速列车高密度跨线运输调度技术，解决了不同动车组编组、不同速度、长大距离和跨线运行等运输组织难题，实现了繁忙高铁干线和城际铁路列车高密度、公交化开行，高峰期发车间隔仅有4~5分钟。

（3）打造了具有世界一流运营品质的中国高铁品牌。

第一，安全性方面。2008—2020年，我国高铁每100千米平均事故率较境外高铁低82%。截至2021年6月底，我国高铁已累计安全运行92.8亿千米，相当于绕地球23.2万圈，安全运送旅客141.2亿人次，是世界公认最安全的高铁。

第二，效能性方面。目前，全国铁路日均开行动车组列车7 400多列，占全部旅客列车开行数量的77%。世界银行2019年的研究报告指出，中国高铁客运密度大约是欧洲高铁客运密度的两倍。

第三，舒适性方面。我国高铁线路基本采用无砟轨道，铺设重型超长钢轨和无缝线路，具有超高的平顺性。复兴号动车组采用减振性能良好的高速转向架，车体振动加速度小、振幅低、噪音弱，平稳性指标达到国际优级标准，较好解决了列车空气动力学、轮轨关系、车体气密强度等技术难题，提高了列车进出隧道、高速交会时的安全性和舒适度。

第四，便捷性方面。我国建成了世界上规模最大的“12306”铁路互联网售票系统，单日售票能力达 2 000 万张以上。目前，我国互联网售票比例为 86.2%，单日最高达 90%。

第五，经济性方面。我国高铁平均票价率为其他国家的 1/3~1/4。世界银行 2019 年的研究报告称：虽然中国高铁线路中高架桥梁和隧道占比很高，但高铁网络平均建设成本仅为其他国家的 2/3，高铁网络经济回报率为正，有理由对中国高铁干线线路的长期经济可行性保持乐观。

2. 高铁对我国经济社会发展做出巨大贡献

高铁作为现代化轨道交通建设的重大成果，不仅为广大人民群众出行提供了安全、舒适、便捷的交通方式，大大增强了人民群众的获得感、幸福感、安全感，而且深刻影响和带动了城市格局、人口布局、经济版图的积极变化，促进了国家现代化进程。

我国高铁推动解决了长期存在的铁路运输瓶颈问题，为实现人畅其行、货畅其流提供了可靠的运力支撑。高铁的快速发展，使铁路客运能力实现重大跃升，全面保障了人民群众日常便利出行，基本解决了客运高峰期运力严重短缺的问题。自高铁投入运营以来，日均发送旅客由 2008 年的 35 万人次增加至 2019 年的 645.9 万人次，年均增长约 30%。高铁的快速发展，还充分释放了高铁平行径路的既有铁路货运能力，降低了社会物流成本。2020 年，国家铁路货物发送量完成 35.8 亿吨，较 2016 年增加 9.2 亿吨，增长 34.6%。铁路货运量的全社会占比由 2016 年的 7.6% 提高到 2020 年的 9.6%。

我国高铁有力促进了区域经济协调发展，为构建新发展格局、实现经济持续健康发展注入了新动能。我国幅员辽阔、内陆深广，区域资源分布和经济社会发展差异较大。高铁网的发展使区域分工协作更为密切，促进了内陆地区和经济欠发达地区有效承接经济发达地区的产业转移，形成了优势互补、高质量发展的区域经济布局，有力支撑了西部大开发、东北振兴、中部崛起和东部率先发展。高铁的发展大大强化了中心城市对周边地区的辐射和带动作用，显著扩大了都市圈的覆盖范围。高铁成网后，通达半径500千米的城市群形成1~2小时交通圈，实现公交化出行；1 000千米跨区域大城市间4小时左右到达，实现当日往返；2 000千米跨区域大城市间8小时左右到达，实现朝发夕至，对促进经济持续健康发展、加快构建新发展格局意义重大。

我国高铁有效带动了产业结构优化升级，充分展现了铁路绿色低碳优势。高铁发展涉及多种技术、多个领域、多类产业，建设投资大、产业链长，对产业结构优化升级具有非常强的带动作用。同时，高铁发展充分展现了铁路绿色低碳优势，为推进生态文明建设、建设美丽中国做出了重要贡献。在节能方面，高铁每人100千米能耗仅为飞机的18%和大客车的50%左右。在环保方面，高铁二氧化碳排放量仅为飞机的6%、汽车的11%。

我国高铁提高了我国铁路“走出去”的信誉，为实现高水平对外开放、推动共建“一带一路”高质量发展发挥了积极作用。我国高铁的成功实践，丰富完善了高铁技术体系和国际标准，把高铁发展推到了一个新的水平，在世界范围内产生积极影响，促进了我国与有关国家在高铁建设和装备制造领域的合作。

（二）案例的思政元素

本案例的思政元素是新型举国体制：高铁发展取得举世瞩目的成就，充分体现了中国共产党领导的政治优势和中国特色社会主义的制度优势，是新型举国体制在铁路系统的成功实践。

坚持党的全面领导，为高铁发展取得历史性成就提供了根本政治保证。在党中央的集中统一领导下，我国高铁发展始终坚持以人民为中心的发展思想，充分体现了人民群众对美好生活的向往，统筹兼顾经济发达地区和老少边及脱贫地区需要，使高铁发展成果能够造福最广大人民群众；坚持全国“一张网”、全路“一盘棋”，打破行业、区域的局限性，形成与国家重大战略相贯通、与相关产业布局相衔接、与区域发展需求相结合的高铁发展规划，并保持了高铁规划的稳定性、连续性，实现了高铁发展与经济社会发展相互促进、相得益彰。

坚持集中力量办大事，为建成世界最发达的高铁网汇聚了强大合力。高铁建设投资巨大、工程浩大、挑战极大。我国高铁能够在全国范围迅速建成“四纵四横”高铁网、布局构建“八纵八横”高铁网，关键是在新的历史条件下善用我国社会主义制度能够集中力量办大事这一重要法宝。在高铁发展实践中，从中央到地方，从路内到路外，从科研创新、生产组织到产业化应用，从规划设计、工程建设、装备制造到运营管理整个创新链产业链，既坚持按市场经济规律办事，又坚持局部利益服从整体利益、国家利益兼顾地方利益，团结协作、密切配合，汇聚了推动高铁发展的强大合力。尤其是在高铁发展中，国家有关部门在规划建设、产业布局、项目可研、环保水保、投融资改革等方面给予强有力支持；地方党委政府在建设用地、市政配套、站城融合发展等方面发挥主导作用，解决了重大项目建设中困难复杂的征地拆迁和移民安置等难题，保证了高铁建设科学有序、安全优质地大规模推进。

坚持以我为主、开放合作、自立自强，为高铁技术实现从跟跑到领跑的重大跃升提供了高效的实践路径。在全球化、信息化、网络化深入发展，创新要素更具开放性、流动性的条件下，我国高铁发展坚持“引进来”和“走出去”相结合，坚持自主创新与开放创新相统一，切实用好国际国内两个市场、两种资源。一方面，我国高铁充分发挥后发优势，对世界高铁先进技术进行引进、消化、吸收、再创新，学习借鉴国际先进理念、创新成果，使我国高铁技术集世界高铁技术之大成，大大加快了我国高铁技术创新赶超步伐；另一方面，我国高铁坚持以国情路情为基础，始终把科技自立自强、自主创新作为高铁创新的根本，对一切外来技术坚持以我为主，坚持不懈加强关键领域技术攻关，形成了从高铁基础理论、技术应用到成果推广乃至技术标准体系的完整创新链条，牢牢地将创新主导权、发展主动权掌握在自己手中，不断巩固和提升了中国高铁的世界领跑地位。

五、教学方法

（一）举例分析法

教师通过举例阐明公共投资三个决策标准的使用情形。例如，劳动创造标准的实质是要求政府投资于劳动密集型的项目。教师可以问学生：“新冠病毒感染疫情期间，失业率高企的时候，政府应该采用哪一项标准开展投资。”

（二）案例解析法

教师通过介绍我国高铁的案例，分析公共投资的特征，详细介绍中国高铁投资的意义，引导学生思考中国高铁发展取得巨大成就的体制原因。

（三）讨论教学法

教师向学生提问：“基础产业投资的三种模式（政府投资、私人投资、PPP 模式）分别存在什么优缺点?”教师以问题引发学生思考，使学生通过对比分析和课堂互动，了解三种基础产业投资模式的特征，并重点学习采用 PPP 模式的理由。

六、教学实施过程

第一，教师引入公共投资的概念，并详细阐述公共投资的三个特征。政府的公共投资是指政府对公共服务领域、社会公益领域、基础产业领域、农业生产领域、国家物资储备等方面的投资。公共投资的三个特征如下：首先，公共投资以实现经济社会的全面发展和良性循环为目标；其次，公共投资的核心领域是公共工程及事关国计民生的大型项目；最后，公共投资是国家宏观调控的重要手段。

第二，教师举例说明公共投资的三个决策标准。资本产出标准的实质是要求政府投资于产出效率最高的项目；资本-劳动比率最大化标准的实质是要求政府重点投资于资本密集型的项目；劳动创造标准的实质是要求政府投资于劳动密集型的项目。教师可以依次问学生，在新冠病毒感染疫情期间，失业率高企的时候，政府应该采用哪一项标准开展投资；当政府注重国内生产总值指标时，其应该采用哪一项标准开展投资；当政府注重资本形成时，其应该采用哪一项标准开展投资。

第三，教师分析基础产业投资的属性，阐明政府介入基础产业投资的理由。基础设施具有一定的非竞争性和非排他性，基础工业具有竞争性、排他性和正外部性，基础产业投资的公共性和正外部性是政府介入基础产业投资的主要理由。

第四，教师介绍基础产业投资的一般模式。基础产业的一般模式包括政府投资，免费提供或收取使用费；私人投资，定期收费补偿成本并适当盈利；PPP 模式，政府与社会资本合作提供。教师重点介绍采用 PPP 模式的理由（政府资源有限等原因）以及几种基本的 PPP 模式，包括 BOT 模式（建设-经营-转让）、TOT 模式（转移-经营-移交）、ABS 模式（资产证券化）等。

第五，教师介绍案例，引入课程思政元素。教师通过介绍中国高铁的案例，分析公共投资的特征，详细介绍中国高铁投资的意义，引导学生思考中国高铁发展取得巨大成就的体制原因。

七、实施成效

本课程多举措切实提升专业素养。本课程通过深入浅出地讲解分析，提高学生专业能力，增强学生对政府公共投资、基础产业投资、PPP 模式等重点概念等的理解；通过引导学生同步学习国家线上一流课程并完成相关练习，增强学生对基础专业知识的掌握；通过活跃自由的课堂讨论，激发学生学习兴趣，提高学生课堂参与度，加深对重点内容的理解；通过案例材料的分析阅读，解决书面知识的单调性，开阔视野，增加学习难度，满足了部分学生对高难度、高质量学习的获得感。

本课程充分发挥价值引领作用。本课程采取用“数据说话”的方式，向学生展示近年来在举国体制下我国高铁建设翻天覆地的变化、创造的一项又一项纪录、对我国经济社会发展做出的巨大贡献，充分展示了中国共产党领导下的社会主义制度的优越性。本课程通过事实分析，引导学生了解基本国情，增进学生对我国改革发展成就的理性认同，激发学生爱党、爱国之情，坚定“四个自信”。

参考文献

[1] 习近平. 高举中国特色社会主义伟大旗帜 为全面建设社会主义现代化国家而团结奋斗——在中国共产党第二十次全国代表大会上的报告［M］. 北京：人民出版社，2022.

[2]《公共财政概论》编写组. 公共财政概论［M］. 北京：高等教育出版社，2019.

[3] 马骁，周克清. 财政学［M］. 5 版. 北京：高等教育出版社，2022.

[4] 陆东福. 打造中国高铁亮丽名片［J］. 求是，2021（8）：6-11.

打赢脱贫攻坚战，财政支出功不可没

杨良松

一、知识要点

理解概念：财政扶贫支出的概念、属性及层次性，转移性支出和购买性支出。

掌握理论：财政反贫困支出的作用机制。

二、教学目标

（一）能力培养

系统思维能力：学生通过阅读材料，提炼财政扶贫支出相关知识点；教师通过对材料的分析讲解，帮助学生系统了解相关知识，引导学生培养分析问题的能力。

实践判断能力：根据案例材料，学生能善用适当的理论知识，对我国当前的贫困问题和脱贫攻坚实践提出合理的解决方案。

批判思维能力：通过课程教学，教师引导学生全面认识财政扶贫支出的作用机制和实施效果，把握“因地制宜”扶贫的基本思路。

（二）价值塑造

形成专业意识：教师通过讲授财政扶贫支出相关知识和案例材料，引入党的十九大报告、党的二十大报告、习近平总书记在全国脱贫攻坚总结表彰大会上的讲话等思政元素，引导学生关注贫困问题，熟悉中国反贫困实践的相关做法及成效。

增强前沿意识：教师引导学生把握实现共同富裕的道路上，财政反贫困支出的作用机理及影响；培养学生关注国家反贫困发展战略、财政政策和热点问题的学习习惯。

增强社会责任感：教师总结中国脱贫攻坚的巨大成就，深刻领会中国特色社会主义以人民为中心的发展思想，激发学生爱党、爱国、爱社会主义的巨大热情。

三、教学重点与难点

（一）教学重点

教师引导学生学习改革开放以来财政扶贫支出的演变路径，尤其关注农业类、社保类、教育类、医疗类和住房保障类五种支出，使学生正确掌握财政支出在精准扶贫和收入再分配中的作用。

（二）教学难点

区分财政扶贫支出中的转移性支出和购买性支出及社会经济效果的差异性。

四、课程思政案例介绍

（一）案例的支撑材料：中国的财政扶贫支出

中华人民共和国成立以来的 70 多年是逐步消除贫困的 70 多年。中国成为世界上减贫人口最多的国家，对世界减贫进程做出了重大贡献。习近平总书记在 2021 年 2 月 25 日召开的全国脱贫攻坚总结表彰大会上指出：“我国脱贫攻坚战取得了全面胜利，现行标准下 9 899 万农村贫困人口全部脱贫，832 个贫困县全部摘帽，12.8 万个贫困村全部出列，区域性整体贫困得到解决，完成了消除绝对贫困的艰巨任务，创造了又一个彪炳史册的人间奇迹！这是中国人民的伟大光荣，是中国共产党的伟大光荣，是中华民族的伟大光荣！”党的二十大报告指出：“我们经过接续奋斗，实现了小康这个中华民族的千年梦想，我国发展站在了更高历史起点上。”

在脱贫攻坚过程中，财政尤其是财政扶贫支出发挥了重要作用。脱贫摘帽不是终点，而是新生活、新奋斗的起点。总结财政扶贫的经验，对进一步消灭相对贫困，最终实现共同富裕具有重要价值。

需要注意的是，我国扶贫工作经历了从区域扶贫到精准扶贫的重大转变。早期的扶贫工作主要关注区域扶贫。从 20 世纪 80 年代中期开始，主要扶贫对象是国家或省确定的贫困县。1986 年，我国首次认定了 331 个贫困县。1994 年，贫困县第一次调整时增加到 592 个。2001 年，贫困县第二次调整后，贫困县改称国家扶贫开发工作重点县。2011 年，贫困县第三次调整中有 38 个县发生调整，但总数仍为 592 个。同时，我国将地理位置相连、气候环境相似、致贫因素相似的 680 个县确定为集中连片特困县（也称“国家片区贫困县”）。其中有 440 个县同时也在 592 个贫困县中，除去重叠部分，全国共有贫困县 832 个。

党的十八大之后，党中央更加关注精准扶贫。2012 年年底，党中央就突出强调，“小康不小康，关键看老乡，关键在贫困的老乡能不能脱贫”，承诺“决不能落下一个贫困地区、一个贫困群众”。习近平总书记 2013 年 11 月在湘西考察时提出了“扶贫要实事求是，因地制宜。要精准扶贫，切忌喊口号，也不要定好高骛远的目标。”2015 年 1 月，习近平总书记在云南考察时再一次指出：“要以更加明确的目标、更加有力的举措、更加有效的行动，深入实施精准扶贫、精准脱贫，项目安排和资金使用都要提高精准度，扶到点上、根上，让贫困群众真正得到实惠。”党的十九大报告指出：“要坚决打赢脱贫攻坚战。让贫困人口和贫困地区同全国一道进入全面小康社会是我们党的庄严承诺。要动员全党全国全社会力量，坚持精准扶贫、精准脱贫。”

脱贫攻坚战取得全面胜利，与财政扶贫支出密不可分。早在 1980 年，我国就设立了支援不发达地区支出，作为扶贫资金。2007 年，政府收支分类改革按照功能分类的原则，将该种支出主要归于农林水事务支出下的“扶贫”款，即归为农业类扶贫支出。除此之外，财政支出中的农村和城镇社会救济费也承担了重要的扶贫功能。进入 21 世纪后，财政支出陆续增加了城市和农村最低生活保障支出、助学金支出、城乡医疗救助支出和农村危房改造支出等，为贫困群众提供了有力保障。从财政支出全口径来看，我国财政扶贫支出主要包括农林水支出中的扶贫支出，社会保障和就业支出中的最低生活保障和救济支出，教育支出中的助学金支出，医疗卫生支出中的医疗救助支出，住房保障支出中的农村危房改造支出。

研究表明，改革开放以来地方扶贫支出总量有显著增长，结构有重大变化。图 1 显示，从总量来看，我国的财政扶贫支出从 1980 年的 8 亿元增长到 2000 年的 160 亿元，2015 年增长到 4 890 亿元，2020 年增长到 10 606 亿元，在40年间增长了约1 300倍。扶贫支出占一般公共预算支出（财政支出）的比重也有显著增长，从1978年的0.66%增至2000年的1.01%，2015年达到2.78%，2020年进一步达到4.32%。扶贫支出占GDP的比重也有显著增长，2020年达到了1.04%。

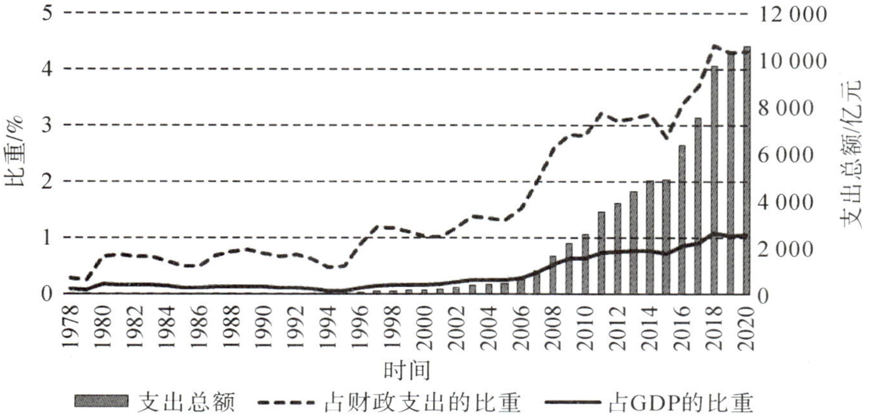

图1　改革开放以来我国的扶贫支出总额变化

财政扶贫支出的结构出现了重大变化。表1显示了五种主要扶贫支出的金额。结果表明，2006年之前主要是农业类与社保类扶贫支出，且多数时期是以前者为主。2006—2014年，扶贫支出增加主要来自最低生活保障支出与助学金。2015年以后，农业类扶贫支出，即农林水事务支出中的扶贫款支出增长明显。总体来看，财政扶贫支出在2007年之后基本形成了以城乡救济与低保支出、农业类扶贫支出和助学金为主，医疗救助支出和农村危房改造支出为辅的局面。五类支出构建起较为全面和常态化的保障，对确保贫困人口“两不愁”（不愁吃、不愁穿）、“三保障”（保障义务教育、基本医疗和住房安全）具有重要意义。

这些支出取得了显著的成效。2020年，全国累计资助学前教育、义务教育、中等职业教育、普通高中教育和普通高等教育学生（幼儿）14 618万人次，其中受助建档立卡、低保、特困救助供养、残疾和孤儿五类特殊家庭经济困难学生（幼儿）共计2 428万人次。有2 000多万贫困患者得到分类救治，曾经被病魔困扰的家庭挺起了生活的脊梁。近2 000万贫困群众享受低保和特困救助供养，2 400多万困难和重度残疾人拿到了生活和护理补贴。农业类扶贫支出则改善了贫困地区和贫困家庭的生产生活条件，为脱贫攻坚奠定了坚实的基础。

表 1　地方主要扶贫支出的金额　　单位：亿元

年份	五种扶贫支出				
	农业类	救济	助学金	医疗类	住房类
1978		3			
1980	5	3			
1985	7	3			
1990	17	5			
1995	23	10			
2000	121	39			
2005	183	263			
2006	210	344	50	11	
2007	261	516	187	38	
2008	318	787	450	65	
2009	371	1 093	452	101	139
2010	419	1 182	546	131	256
2011	540	1 584	719	171	498
2012	685	1 629	1 003	170	382
2013	827	1 930	1 056	186	376
2014	941	1 941	1 219	212	536
2015	1 220	1 958	1 333	240	139
2016	2 279	2 021	1 360	266	442
2017	3 242	1 987	1 549	320	419
2018	4 854	2 023	1 958	468	455
2019	5 546	2 071	1 740	517	392
2020	5 604	2 392	1 797	565	248

数据来源：历年地方财政统计资料、财政部网站主动公开的全国财政决算（2010—2020 年）、历年《中国学生资助发展报告》和《中国教育经费统计年鉴》等。

注：①限于数据可得性，且为了和 2010 年之前比较，表 1 主要统计地方财政扶贫支出，但扶贫支出中除高等教育阶段助学金中央支出占比略高外，其他均为地方负责。地方负责的扶贫支出占比达到 96%~97%。脱贫攻坚的主战场在地方、在基层，研究地方扶贫支出，可以捕捉中国财政扶贫支出的主要图景。②中央于 2011 年秋季开始试点义务教育阶段的营养膳食补助，2019 年及之前的《中国学生资助发展报告》未包括该项财政资金，但 2020 年包括，为统计口径一致，2011—2019 年助学金均包含营养膳食补助资金。

在总结我国财政扶贫经验的同时，我们也需要注意到，财政扶贫支出也存在少数有待改进的问题，主要体现为以下三点：

第一，财政扶贫支出总额仍需要保持较高水平。其主要原因在于，2021

年脱贫攻坚任务的完成是在现行贫困线标准下实现的，而贫困线本身也会随着社会经济形势的变化而提高，从而产生新的贫困人口；同时，贫困人口具有脆弱性，已脱贫人口可能出现因病、因灾返贫。

第二，支出绩效有待提升。《中共中央 国务院关于全面实施预算绩效管理的意见》指出，目前的财政支出绩效管理仍存在一些问题，扶贫支出也不例外，有待提升。

第三，扶贫支出结构有待优化，而部门间协作仍有不足，降低了精准扶贫的绩效。低保、教育、卫生和住房类等精准扶贫支出需要精确到户到人，实施难度更大。贫困人口往往是多维贫困，各类支出的对象大幅重合。若部门之间各自为政，很可能会导致识别遗漏与识别错误。例如，中华人民共和国审计署 2017 年第 6 号公告《158 个贫困县扶贫审计结果》指出：“2016 年，全国共剔除识别不精准人口 900 多万，补录新识别贫困人口 800 多万。”这表明，之前的贫困人口识别存在一定错误。该公告还强调，由于扶贫措施与困难学生资助、医疗、低保等政策衔接不够或数据不共享等原因，43 个县的 2.99 万名建档立卡贫困家庭子女、农村低保子女等生活困难学生未能按规定享受国家助学金及寄宿生补贴等教育扶贫资助；54 个县向贫困人口倾斜的医疗救助政策落实不到位，未实现一站式信息交换和即时结算。多个省、市、区审计部门近年的扶贫专项审计结果都发现了类似问题。

党的二十大报告指出，全面推进乡村振兴，要“巩固拓展脱贫攻坚成果，增强脱贫地区和脱贫群众内生发展动力”。财政扶贫支出的进一步完善，应做好以下工作：

第一，加强财政扶贫投入保障。尽管财政扶贫支出在不断增加，但鉴于众多贫困人口收入并不高，受贫困线标准影响巨大，并且贫困人口容易出现返贫，国家应考虑进一步增加财政扶贫投入。

第二，强化扶贫支出绩效管理。“花钱必问效、无效必问责”，要确保扶贫资金花在“刀刃”上，必须把扶贫资金纳入预算绩效管理体系。我国应构建全方位、全过程、全覆盖的扶贫资金绩效管理体系，制定关于全口径财政扶贫支出的绩效评价办法，对预算的编制、执行、决算全程实施绩效管理。

第三，优化财政扶贫支出结构。从全口径扶贫支出的角度来审视，现有支出结构还值得进一步优化。我国应在增加农业类扶贫支出时，进一步增加低保、助学金、医疗救助、危房改造等扶贫类支出。我国应削减扶贫支出中“其他支出”的比重，促进扶贫支出预算编制和调整的精细化、科学化。

第四，强化部门间协作配合。财政扶贫支出由不同部门管理、各级行业扶贫主管部门应切实履行好部门的职能职责，一方面加强对本行业扶贫项目资金工作的指导，另一方面切实强化扶贫过程中与其他部门之间的协作。

（二）案例的思政元素

1. 脱贫攻坚是实现中华民族伟大复兴的重要内容

中国共产党从成立之日起，就坚持把为中国人民谋幸福、为中华民族谋复兴作为初心使命，团结带领中国人民为创造自己的美好生活进行长期艰苦奋斗。邓小平同志指出，社会主义的本质，是解放生产力，发展生产力，消灭剥削，消除两极分化，最终达到共同富裕。

党的十九大报告指出，中国特色社会主义进入新时代，我国社会主要矛盾已经转化为人民日益增长的美好生活需要和不平衡不充分的发展之间的矛盾。党的十九大报告还指出：“更加突出的问题是发展不平衡不充分，这已经成为满足人民日益增长的美好生活需要的主要制约因素。”这种发展不平衡不充分的一个集中体现就是仍有部分群众处于贫困线以下。

党的十九大报告还特别指出，坚决打赢脱贫攻坚战。“要动员全党全国全社会力量，坚持精准扶贫、精准脱贫……要确保到二〇二〇年我国现行标准下农村贫困人口实现脱贫，贫困县全部摘帽，解决区域性整体贫困，做到脱真贫、真脱贫。”党的二十大报告特别指出，全面推进乡村振兴，“巩固拓展脱贫攻坚成果，增强脱贫地区和脱贫群众内生发展动力”。

党的二十大报告指出：“增进民生福祉，提高人民生活品质。”“为民造福是立党为公、执政为民的本质要求。必须坚持在发展中保障和改善民生，鼓励共同奋斗创造美好生活，不断实现人民对美好生活的向往”。

2023年中央一号文件进一步要求巩固拓展脱贫攻坚成果。“坚决守住不发生规模性返贫底线。压紧压实各级巩固拓展脱贫攻坚成果责任，确保不松劲、不跑偏。强化防止返贫动态监测。对有劳动能力、有意愿的监测户，落实开发式帮扶措施。健全分层分类的社会救助体系，做好兜底保障。巩固提升‘三保障’和饮水安全保障成果。”“增强脱贫地区和脱贫群众内生发展动力。把增加脱贫群众收入作为根本要求，把促进脱贫县加快发展作为主攻方向，更加注重扶志扶智，聚焦产业就业，不断缩小收入差距、发展差距。”

2. 精准扶贫是实现共同富裕的必然选择

习近平总书记在全国脱贫攻坚总结表彰大会上指出："反贫困始终是古今中外治国安邦的一件大事。一部中国史，就是一部中华民族同贫困作斗争的历史。从屈原'长太息以掩涕兮，哀民生之多艰'的感慨，到杜甫'安得广厦千万间，大庇天下寒士俱欢颜'的憧憬，再到孙中山'家给人足，四海之内无一夫不获其所'的夙愿，都反映了中华民族对摆脱贫困、丰衣足食的深深渴望。"精准扶贫是摆脱贫困、实现共同富裕的必然选择。

五、教学方法

教学方法为课堂讲授、案例分析和讨论问答相结合。教师运用电子演示文稿展示案例，带领学生阅读案例并且结合案例进行课堂讨论。除了课程讲义和本案例外，教师还可以结合脱贫攻坚的相关图片和视频开展教学活动。教师在教学过程中应注意思政元素与理论知识相结合，引导学生理论联系实际。

六、教学实施过程

（一）案例准备

学生需要预习关于财政支出和收入再分配的基本知识，查阅相关资料了解我国扶贫实践的相关知识。授课教师需要提前收集案例相关资料，深入挖掘其中的思政元素，以此为基础结合时事和有关政策，在课堂上对案例进行简单说明后提出思考问题，鼓励学生经小组讨论后在课堂上分享心得。

（二）讨论与思考

教师根据案例与课程主要知识点，提出以下三个问题供学生讨论与思考，鼓励学生分组讨论，并就其核心结论在班级进行汇报。

（1）我国为什么要开展脱贫攻坚行动？

（2）如何理解财政支出在脱贫攻坚中的重要作用？

（3）如何有效提高扶贫支出绩效？

（三）分析思路

（1）我国为什么要开展脱贫攻坚行动？

参考答案：

从理论上看，财政承担着资源配置、收入再分配和稳定宏观经济的职能。精准扶贫是一种典型的收入再分配行为，对实现社会公平和正义具有重要意义。从福利经济学的角度来看，收入再分配有助于提高整体社会福利。功利主义的社会福利函数、伯努利-纳什社会福利函数和罗尔斯主义社会福利函数都表明，适度的收入再分配是可取的。当然，过度的收入再分配也可能产生一定的负面效应，如降低生产者的积极性等。

从中国实际来看，中国共产党以全心全意为人民服务为宗旨，一直关心广大人民群众的福祉。邓小平同志指出，社会主义的本质是解放生产力，发展生产力，消灭剥削，消除两极分化，最终达到共同富裕。党的十九大报告指出，我国社会主要矛盾已经转化为人民日益增长的美好生活需要和不平衡不充分的发展之间的矛盾。在经济发展和人民生活总体改善的同时，尚有部分群众未能脱贫，甚至还处于绝对贫困状态。实施脱贫攻坚，改善贫困群众生活水平和生产条件，体现了中国共产党为中国人民谋幸福的初心和使命，也体现了社会主义的本质。

（2）如何理解财政支出在脱贫攻坚中的重要作用？

参考答案：

在脱贫攻坚过程中，财政支出通过各种转移性支出和购买性支出，可以起到积极作用。一方面，财政支出通过低保补助、助学金、医疗补助、危房改造等转移性支出，可以直接增加贫困家庭的收入，直接改善贫困家庭的生活水平。这些多维度的支持，有助于直接实现贫困家庭“两不愁三保障”（不愁吃、不愁穿，保障义务教育、保障基本医疗和保障住房安全）。另一方面，农林水类支出中的扶贫支出主要是购买性支出，这些支出通过修建农村道路、水利设施、农业基础设施，改善贫困家庭和人群的生产生活条件，进一步增进贫困家庭福祉。

（3）如何有效提高扶贫支出绩效？

参考答案：

《中共中央 国务院关于全面实施预算绩效管理的意见》指出，目前的财政支出绩效管理仍存在一些问题，扶贫支出也不例外。问题主要体现在以下三个方面：一是绩效理念尚未牢固树立，一些地方和部门存在重投入轻管理、重支出轻绩效的意识；二是绩效管理的广度和深度不足，尚未覆盖所有财政资金，一些领域财政资金低效无效、闲置沉淀、损失浪费的问题较为突出，克扣挪用、截留私分、虚报冒领的问题时有发生；三是绩效激励约束作用不强，绩效评价结果与预算安排和政策调整的挂钩机制尚未建立。

强化扶贫支出绩效管理，一是要确保扶贫资金花在“刀刃”上，必须把扶贫资金纳入预算绩效管理体系，统筹推进、重点实施。二是要构建全方位、全过程、全覆盖的扶贫资金绩效管理体系，制定关于全口径财政扶贫支出的绩效评价办法，全面升级扶贫资金预算绩效管理流程。三是对预算的编制、执行、决算全程实施绩效管理。各部门在编制年度部门预算、单位预算时，应科学合理测算扶贫资金需求，设定扶贫资金绩效目标。在预算执行中，各部门应定期对预算和绩效目标执行情况进行跟踪分析。在预算执行终了后，各部门应及时组织开展绩效评价，强化评价结果运用。

七、实施成效

本案例预期使学生的思政意识得到增强，知识学习能力和实践应用能力得到提高。

首先，精准扶贫是党的十九大报告确定的“三大攻坚战”之一，是党和政府过去数年的工作重心，也和人民群众生活息息相关，甚至对部分来自贫困地区和贫困家庭的学生有直接影响。本案例对培养学生的家国情怀和社会责任感、增强国情认知，具有重要意义。

其次，教师结合思政案例对理论内容进行讲解，使学生容易掌握财政扶贫支出的概念和特征，理解转移性支出和购买性支出的差异以及财政的收入再分配职能，提高了学生的知识学习能力。

最后，教师鼓励学生去主动搜集相关资料，并与大家分享，鼓励学生以此为主题开展假期社会实践和调研活动，提高了学生的实践应用能力。

参考文献

[1] 习近平. 决胜全面建成小康社会 夺取新时代中国特色社会主义伟大胜利——在中国共产党第十九次全国代表大会上的报告 [M]. 北京：人民出版社，2017.

[2] 习近平. 在全国脱贫攻坚总结表彰大会上的讲话 [EB/OL]. (2021-02-25) [2023-10-10]. https://www.gov.cn/xinwen/2021-02/25/content_5588869.htm.

[3] 习近平. 高举中国特色社会主义伟大旗帜 为全面建设社会主义现代化国家而团结奋斗——在中国共产党第二十次全国代表大会上的报告[M]. 北京：人民出版社，2022.

[4] 汪三贵，郭子豪. 论中国的精准扶贫 [J]. 贵州社会科学，2015 (5)：147-150.

[5] 杨良松，周宇，刘俊. 地方全口径财政扶贫支出评估：规模、结构与变迁 [J]. 中国行政管理，2020 (4)：21-27.

探索建立长期护理保险制度，助力“老有所养”

方圆

一、知识要点

理解概念：社会保障的概念和特征。

掌握理论：政府介入社会保障的理论基础、社会保障资金的筹措机制、中国的社会保障制度体系。

二、教学目标

（一）能力培养

系统思维能力：教师通过对社会保障相关理论的讲授，帮助学生系统了解政府介入社会保障的理论基础、基本模式和所产生的经济效应，引导学生培养全面系统分析问题的能力。

实践判断能力：教师结合案例材料，帮助学生了解国家社保政策法规、加深对人口老龄化的国情认识，引导学生对养老服务等社会保障制度发展进行深入思考。

批判思维能力：教师通过对长期护理保险案例的讲解，帮助学生了解老龄人口面临的实际困难，引导学生对各地区根据实际情况所做的各项工作进行深入分析。

（二）价值塑造

形成专业意识：教师帮助学生理解社会保障相关知识，学会运用理论知识分析实际问题，运用专业知识讲好中国故事。

增强前沿意识：教师引导学生关注社会保障热点问题、现实问题、时事新闻和政策变化。

增强社会责任感：教师引导学生深入社会、了解国情，增进学生对国家社会保障制度和改革发展成就的理性认同，激发学生的爱国之情、社会责任感和担当意识，培养知行合一的社会主义事业建设者。

三、教学重点与难点

（一）教学重点

理解政府介入社会保障的理论基础。政府介入社会保障的理论基础主要包括弥补市场失灵，缓解收入分配矛盾；克服保险市场的逆向选择与道德风险；平滑消费水平，提高风险抵抗能力；增强宏观调控能力，促进经济的自动稳定；“家长主义”与成本优势。

掌握社会保险基金的筹集模式。社会保险基金的筹集模式主要包括现收现付制、完全基金制和部分基金制。鉴于学生尚未深入了解各国的社会保险筹措模式，因此教师需要阐述一国政府确定社会保险筹资模式时需要考虑的因素等。

（二）教学难点

理解社会保障制度的效率与公平。完善的社会保障制度必须既考虑经济效率，保护劳动者的积极性，又保证分配的公平，助推社会共同富裕的实现。教师在教学过程中需要将抽象的理论转化为具体的案例，帮助学生理解。

掌握社会保险基金的筹集模式。社会保险的基金筹集模式具有动态性和政策性，一直在不断完善发展之中。由于各个国家的社会制度及政治制度的差异，各国的社会保障制度、资金筹措模式也不尽相同，这对学生的理解具有一定的挑战，教师需要结合实际案例进行阐释。

四、课程思政案例介绍

人口老龄化是世界性问题，而我国是世界上人口老龄化程度比较高的国家之一，老年人口数量最多，老龄化速度最快。党的二十大报告再次强调要“推进健康中国建设”“实施积极应对人口老龄化国家战略，发展养老事业和养老产业，优化孤寡老人服务，推动实现全体老年人享有基本养老服务”。探索建立长期护理保险制度是党中央、国务院为应对人口老龄化、健全社会保障体系做出的一项重要部署。

（一）案例的支撑材料

1. 失能失智重病老人家庭得到照护支持

老有所护，是当前众多失能失智重病老人家庭的共同诉求。《新华日报》2020 年 10 月 22 日的一则报道讲述了江苏省在长期护理保险、夜间照护、喘息服务等领域不断探索的过程，聚焦老年人最迫切的需求，让新的养老服务模式更契合 1 800 多万江苏老年人的养老实际。

家住江苏省南通市虹桥新村的姚琴英老人已经 80 岁了，她每天的日常，就是照顾中风瘫痪在床的老伴邵有才。“老伴 82 岁，人高马大，我和女儿两个人都搬不动，全天在家都觉得忙不过来。由于康复不当，老伴语言功能退化，身上还长了褥疮。”姚琴英说，非常羡慕别人能出门散散步，能去公园透透气。

江苏省常熟市古里镇的吴雪良、陶惠媛夫妇卧病在床 10 多年。吴雪良因患癌症，几年前做了人工造瘘手术，每天护理程序十分复杂。老伴陶惠媛患上阿尔茨海默病，两位老人都处于失能状态。吴雪良最大的心愿，就是让照顾他们的长女吴梅芬睡个安稳觉。“我自己也有小家庭要照料，但照顾父母是我的责任，为了专心照顾他们，我辞掉了工作，住到父母家，全家各种开销都落在了我爱人一个人身上。”吴梅芬说，给父母一日三餐喂饭，日夜护理，从来不敢睡踏实，还要自学各种护理技能，这些年对自己身心都是煎熬。

经过 5 年探索，长期护理保险（当地又称“长期照护保险”，简称“长护险”）已覆盖南通市 720 万名参保人员，2.57 万人享受到居家、护理院服务，专业照护给失能、半失能老人家庭带来希望。如今，只要天气好，姚琴英都会用轮椅推着老伴到附近的虹桥公园散步，呼吸新鲜空气。“以前没时间来公园，是长护险让我有了喘息机会。”姚琴英告诉记者。经评定，老伴邵有才为半失能状态，可以申请居家照护，护工每周两次上门服务。南通市在国内率先推行长护险，筹资标准为每人每年 100 元，其中参保人个人每年缴纳 30 元，医保基金和公共财政补助 70 元。护工主要提供洗澡、指导康复、理发等服务。如今，老夫妻俩乐观开朗，恢复了语言能力的邵有才说：“政府给了这么好的政策，我们一定要好好珍惜生活。”

苏州市于 2020 年推出家庭养老夜间照护床位政策后，吴雪良夫妇也顺利获得护理资格，每月可获得夜间陪护 8~10 次。女儿吴梅芬的“夜班”终于有人替换了。“你放心去睡吧，有我呢！”当地居家养老服务站安康通的护理员陆玉芬介入护理的第一天，对吴梅芬说道。“那天是我这么久以来第一次一觉睡到天亮。没有经历过的人可能不能理解，这么多年除了希望父母好好活下去，我唯一的心愿就是有人能替替我，睡个踏实觉。”吴梅芬觉得政府推出的这项政策，比发钱更贴心、更珍贵。

2. 长期护理保险制度试点

2016 年 6 月，人力资源和社会保障部印发了《人力资源社会保障部办公厅关于开展长期护理保险制度试点的指导意见》，提出开展长期护理保险制度试点工作的原则性要求，明确河北省承德市、吉林省长春市等 15 个城市作为试点城市，标志着国家层面推进全民护理保险制度建设与发展的启动。

2019 年 4 月，国务院印发了《国务院办公厅关于推进养老服务发展的意见》，明确我国将建立健全长期照护服务体系，重点为经济困难失能老年人、计划生育特殊家庭老年人提供无偿或低收费托养服务。同时，国家全面建立经济困难的高龄、失能老年人补贴制度，鼓励发展商业性长期护理保险产品。国家针对养老服务举办主体将进一步放开行业准入，拓宽投融资渠道。

2020 年 9 月，国家医疗保障局会同财政部印发了《关于扩大长期护理保险制度试点的指导意见》（以下简称《指导意见》），明确长期护理保险试点扩围，新增北京市石景山区、天津市等 14 个试点城市和地区，同时明确了参保对象和保障范围、资金筹集、待遇支付等一系列问题与基本政策。依照《指导意见》的要求，试点阶段从职工基本医疗保险参保人群起步，重点解决重度失能人员基本护理保障需求，优先保障符合条件的失能老年人和重度残疾人。

同时，《指导意见》明确要求探索建立互助共济、责任共担的多渠道筹资机制，科学测算基本护理服务相应的资金需求，合理确定统筹地区年度筹资总额。筹资以单位和个人缴费为主，单位和个人缴费原则上按同比例分担，其中单位缴费基数为职工工资总额，起步阶段可以从其缴纳的职工基本医疗保险费中划出，不增加单位负担；个人缴费基数为本人工资收入，可以由其职工基本医疗保险个人账户代扣代缴。这就意味着试点地区将迎来社保“第六险”。

（二）案例的思政元素

1. 加强国情教育

中国社会老龄化不断加剧。2016 年，习近平总书记在主持中共中央政治局就人口老龄化形势和对策集体学习时强调，人口老龄化是世界性问题，对人类社会产生的影响是深刻持久的。我国是世界上人口老龄化程度比较高的国家之一，老年人口数量最多，老龄化速度最快，应对人口老龄化任务最重。习近平总书记指出，要在全社会开展人口老龄化国情教育和老龄政策法规教育。

中国发展基金会发布的《中国发展报告 2020：中国人口老龄化的发展趋势和政策》称，自 2000 年迈入老龄化社会之后，我国人口老龄化的程度持续加深。“十四五”规划期间，我国老年人口规模和比例将持续呈现“双增长”态势。到 2022 年左右，我国 65 岁以上人口将占到总人口的 14%，实现向老龄社会的转变。2050 年，我国老龄化将达到峰值，我国 65 岁以上人口将占到总人口的 27.9%。人口老龄化已经成为我国的基本国情和社会常态。

2. 弘扬孝亲敬老文化

我国的老龄化进程不断加剧，养老是家庭和社会必须面对与解决的问题。长期以来，居家养老是中国人最普遍的养老方式。敬老爱老是中华民族的传统美德。习近平总书记强调：“要把弘扬孝亲敬老纳入社会主义核心价值观宣传教育，建设具有民族特色、时代特征的孝亲敬老文化。要在全社会开展人口老龄化国情教育、老龄政策法规教育，引导全社会增强接纳、尊重、帮助老年人的关爱意识和老年人自尊、自立、自强的自爱意识。要加强家庭建设，教育引导人们自觉承担家庭责任、树立良好家风，巩固家庭养老基础地位。”随着经济社会的发展以及家庭规模的缩小，独生子女家庭面临的养老困境日益凸显，空巢老人和独居老人总量大，家庭在承担养老责任方面开始面临种种挑战。为此，我国正探索建立多层次的养老模式。习近平总书记在党的十九大报告中提出要在“老有所养”上不断取得新进展，要“积极应对人口老龄化，构建养老、孝老、敬老政策体系和社会环境，推进医养结合，加快老龄事业和产业发展”。有效应对人口老龄化，不仅能提高老年人生活和生命质量、维护老年人尊严和权利，而且能促进经济发展、增进社会和谐。全体民众应树立应对老年化社会的公共责任意识和公共服务意识。

3. 坚持“以人为本”的发展理念

党的二十大报告提出：“我们要实现好、维护好、发展好最广大人民根本利益，紧紧抓住人民最关心最直接最现实的利益问题，坚持尽力而为、量力而行，深入群众、深入基层，采取更多惠民生、暖民心举措，着力解决好人民群众急难愁盼问题，健全基本公共服务体系，提高公共服务水平，增强均衡性和可及性，扎实推进共同富裕。”《指导意见》提出，要以习近平新时代中国特色社会主义思想为指导，坚持以人民健康为中心，深入探索建立适应我国国情的长期护理保险制度，进一步健全更加公平更可持续的社会保障体系，不断增强人民群众在共建共享发展中的获得感、幸福感、安全感；坚持以人为本，重点解决重度失能人员长期护理保障问题。满足数量庞大的老年群众多方面需求、妥善解决人口老龄化带来的社会问题，事关国家发展全局，事关百姓福祉，需要我们下大气力来应对。

五、教学方法

教学方法采用 BOPPPS 教学法。BOPPPS 教学法是一种以教学目标导向、以学生为中心的教学模式。它由导入（bridge-in）、目标（objective）、前测（pre-assessment）、参与式学习（participatory learning）、后测（post-assessment）和总结（summary）六个教学环节构成。

教师运用电子演示文稿展示案例，带领学生阅读案例并且结合案例进行课堂讨论。课堂讨论重点围绕居家养老的实际需求和困难展开，引入长期护理保险的具体内容，强调社会保障支出的重要性。教师在教学时，应注意思政元素与理论知识相结合，引导学生理论联系实际。

六、教学实施过程

（一）案例引入

本部分重点回顾中国的社会保险项目，重点讲解养老保险、医疗保险、失业保险、工伤保险和生育保险。教师提出问题：“同学们是否关注了近期的新闻——社保‘第六险’？”教师利用“第六险”引出新闻内容激发学生的兴趣，等待学生回答。如果有学生知道，教师就请学生讲一讲，之后引入案例讨论。如果学生都回答不知道，则教师直接引入案例讨论，并且强调“同学们可以多关心时事新闻”，使学生树立前沿意识。

（二）讨论式学习

本部分采用参与式学习方式，师生对案例内容进行讨论和分析，教师重点讲解政府介入社会保障的理论基础。

第一，教师解释社保“第六险”为长期护理保险。教师引导学生思考，养老保险虽然可以为退休老人提供经济保障，但是不是经济保障就足够了呢？老龄阶段的生活不仅需要经济上的支持，也需要照料。在我们生活中，或者说中国的传统社会中，居家养老是主流模式，子女照料老人既是义务也是传统美德。照料包括生活上照料的和精神上的陪伴。教师要自然而然地融入孝亲文化的思政元素，强调敬老爱老是中华民族的传统美德。

第二，教师让几位学生分享家庭或身边的养老故事，并提问是否遇到实际困难。教师带领学生阅读案例的第一部分内容，由此引出独生子女家庭面临照顾老人时间分配和经济负担增加的挑战。除此之外，老龄阶段是各种慢性疾病高发的时期，专业的医疗护理需求日益增长。家庭养老是基础，但同时也需要社会的支持，因此长期护理保险可以为失能老人提供基本护理保障，为此类家庭提供支持。教师由此讲解课程的重点，即政府介入社会保障的理论基础。

第三，教师讲解案例的第二部分“长期护理保险制度试点”。教师带领学生从宏观角度去思考，如何用公共政策去支持家庭养老。制定政策的出发点是党和国家始终坚持以人为本的发展理念，教师在此渗透上述“以人为本”的思政元素。政策制定的背景是老龄化问题加剧，教师在此对学生加强国情教育。

（三）后测与交流

在案例学习和讨论之后，教师提问政府要推进长期照护服务工作的原因以及可能对社会产生的经济效应。扩大长期照护保险试点范围，建立健全长期照护服务体系，有利于保障失能人员基本生活权益，提升他们体面和有尊严的生活质量，弘扬中华民族的传统美德；有利于增进人民福祉，促进社会公平正义，维护社会稳定；有利于促进养老服务产业发展和拓宽护理从业人员就业渠道。

学生在回答问题时，可以将平等、公正、和谐等社会主义核心价值观自然融入。从经济效应上看，长期护理保险能够减轻老年人的医疗费用负担和其他经济负担，使老年人生活质量得到提高，同时减轻子女照护的精神负担、精力（时间）负担和经济负担。从宏观角度来说，长期护理保险制度也能够优化医疗资源配置，减少不必要的入院治疗，有助于积极应对老龄化社会。在后测环节，教师重点引导学生从财政角度与经济学角度去思考和解决中国现实问题。

（四）案例总结

本部分对案例学习进行总结，回归到学习主题——社会保障。教师明确政府介入社会保障的理论基础主要包括弥补市场失灵，缓解收入分配矛盾；克服保险市场的逆向选择与道德风险；平滑消费水平，提高风险抵抗能力；增强宏观调控能力，促进经济的自动稳定；成本优势。

七、实施成效

教师结合案例对社会保障相关内容进行讲解，使学生容易掌握社会保障的概念和特征、政府介入社会保障的理论基础、社会保障资金的筹措机制、中国的社会保障制度体系，提高学生的知识学习能力。同时，养老问题和大家的生活息息相关，学生往往表现出极大的关心，讨论积极热烈，对国家出台的长期护理政策产生极大的认同感和浓厚的探索兴趣。教师可以借此培养学生的前沿意识和社会责任感。部分学生主动收集相关资料和大家分享，部分学生以此为主题进行调研活动完成本科毕业论文，提高了学生的实践应用能力。

参考文献

［1］人力资源社会保障部办公厅关于开展长期护理保险制度试点的指导意见［EB/OL］．(2016-06-27)［2023-10-10］．http://www.mohrss.gov.cn/wap/zc/zcwj/201607/t20160705_242951.html.

［2］中共中央 国务院印发《"健康中国 2030"规划纲要》［EB/OL］．(2016-10-25)［2023-10-10］．http://www.gov.cn/winwen/2016-10/25/content_5124174.htm.

［3］国家医保局 财政部关于扩大长期护理保险制度试点的指导意见［EB/OL］．(2020-09-16)［2023-10-10］．http://www.nhsa.gov.cn/art/2020/9/16/art_37_3586.html? xxgkhide=1.

[4] 推动老龄事业全面协调可持续发展 [N]. 人民日报，2018-11-09 (04).

[5] 中国发展研究基金会. 中国发展报告 2020 [EB/OL]. (2020-06-12) [2023-10-10]. https://baijiahao.baidu.com/s?id=1669285417139172809&wfr=spider&for=pc.

[6] 杜鹏，纪竞垚. 中国长期照护政策体系建设的进展、挑战与发展方向 [J]. 中国卫生政策研究，2019 (1): 29-34.

[7] 彭希哲，宋靓珺，黄剑焜. 中国失能老人长期照护服务使用的影响因素分析：基于安德森健康行为模型的实证研究 [J]. 人口研究，2017 (4): 46-59.

[8] 国务院办公厅关于推进养老服务发展的意见 [EB/OL]. (2019-04-16) [2023-10-10]. http://www.gov.cn/zhengce/content/2019-04/16/content_5383270.htm.

[9] 习近平. 推动老龄事业全面协调可持续发展 [EB/OL]. (2016-05-28) [2023-10-10]. http://www.xinhuanet.com/politics/2016-05/28/c_1118948763.htm.

[10] 黄红芳，唐悦. 失能失智重病老人家庭得到照护支持：“照顾失能家人，可以喘口气了” [EB/OL]. (2020-10-22) [2023-10-10]. https://baijiahao.baidu.com/s?id=1681205979537965707&wfr=spider&.

[11] 朱前鸿，刘伟. 公平正义是社会主义的基本价值取向 [EB/OL]. (2016-04-29) [2023-10-10]. http://opinion.people.com.cn/n1/2016/0429/c1003-28313073.html.

增强财政汲取和统筹能力，健全社会保障体系

黄健

一、知识要点

理解概念：社会保障、社会保险、现收现付制、完全基金制。

掌握理论：社会保障的职能理论、社会保障资金筹资理论。

二、教学目标

（一）能力培养

系统思维能力：教师讲授社会保障的职能理论、再分配理论、社会保障资金筹资理论以及相关的经济学理论，结合党的十八大以来我国社会保障工作取得的成就，引导学生理性看待社会保障制度改革，系统理解社会保障是全国人民走向共同富裕的关键性制度安排，充分认知财政汲取和统筹能力的增强是建立健全高质量、可持续社会保障体系的前提。

实践判断能力：教师结合案例材料，引导学生深刻体会社会保障的作用，深入了解我国社会保障发展的现状，全面掌握国内外劳动与社会保障领域的实践发展。在此基础上，教师引领学生积极参加社会保障的财政管理实践，接触社会保险预算编制，培养财政监督管理能力。

批判思维能力：教师通过课程教学，引导学生全面审视国家社会福利和社会保障的理论框架，对国际社会保障制度的演变、运行、实质以及社会影响进行批判性分析，明确没有可以完全照搬和全盘模仿的社会保障制度模式。教师引领学生学习和借鉴国外社会保障的有益经验，积极探索中国特色以人民为中心的现代化社会保障制度。

（二）价值塑造

形成专业意识：教师引导学生充分认识财政在社会保障制度中的积极作用，系统理解社会保障是维护和促进社会公平正义、实现全体人民共同富裕的制度保障，是体现社会主义制度优越性的重要平台，也是中国共产党践行初心使命的重要载体。

增强前沿意识：教师培养学生关注社会热点问题、现实问题、时事新闻和政策变化的意识。社会保障制度作为增进民生福祉、提高人民生活品质的重要制度，是促进经济社会协调发展、实现广大人民群众共享改革发展成果的重要制度安排，是治国安邦的大问题。教师通过课程教学，引导学生关注政策的动态变化，了解惠民生、暖民心的政治举措，增强政治意识和提高政治站位。

增强社会责任感：教师通过对社会保障相关知识的教学，引导学生深入社会、深入群众、了解国情，始终坚持以人民为中心的发展思想，以人民群众获得感、幸福感、安全感更加充实、更有保障、更可持续，共同富裕取得新成效为己任，成为知行合一的社会主义建设者。

三、教学重点与难点

（一）教学重点

学习党的十八大以来我国社会保障取得的成就，理解新时代财政与社会保障的关系，清楚政府在社会保障中的职能作用和社会保障资金的筹措机制，思考如何强化社会保障的统筹能力。

（二）教学难点

理解我国社会保障体系建设的目标是全面建成并不断完善覆盖全民、统筹城乡、公平统一、可持续的多层次社会保障体系，为人民提供更可靠更充分的保障，不断满足人民群众多层次多样化的保障需求。

理解社会保障事业的发展速度和质量要求、普惠性要求、公平性要求，能够造福世代中国人民的要求以及顺应时代发展的要求。

理解并将中国式现代化的本质要求与重要内涵融入我国的社会保障体系，使学生能够结合思政内容与财政知识，并深刻理解我国立足国情、积极探索、大胆创新具有鲜明中国特色的社会保障体系。

四、课程思政案例介绍

（一）案例的支撑材料

1. 新时代我国社会保障制度获得国际认可

新时代我国社会保障制度不断完善，财政投入规模不断增加，城乡居民保障水平显著提高，更加公平、更可持续、更有效率的社会保障体系建设持续推进。从总量上看，我国社会保障和就业支出由 2008 年的 6 804.29 亿元增长到 2021 年的 33 788.26 亿元，发展十分迅速，具体项目涵盖社会保险、社会救济、社会福利和社会优抚等。以社会保障和就业支出指标为例，它是反映政府对社会保障投入状况的指标，也是用来说明社会保障在政府公共财政支出中地位和水平的指标。其反映了一个国家或地区在一定时期内运用于社会保障全部支出的总和，是政府承担社会保障责任的主要手段。根据《中国统计年鉴》的数据，2008 年，社会保障和就业支出为 6 804.29 亿元，一般公共预算支出为 62 592.66 亿元，占比为 10.87%；2021 年，社会保障和就业支出为 33 788.26 亿元，一般公共预算支出为 245 673 亿元，占比为 13.75%。由此可见，无论是绝对额还是相对额，社会保障和就业支出都有较大幅度的提高。

新时代我国社会保障制度取得了显著成就，建成了世界上规模最大的社会保障体系，基本养老保险覆盖 10.4 亿人，基本医疗保险参保率稳定在 95%。我国全面覆盖的社会保障制度获得了国际社会的认可。2016 年，国际社会保障协会在巴拿马大会上授予了中国政府“社会保障杰出成就奖”。该协会秘书长称赞道：“中国在过去十年实现了前所未见的社保覆盖面扩大，对世界社会保障的贡献非常巨大”。

2. 社会保险助力打赢脱贫攻坚战

党的十八大以来，以习近平同志为核心的党中央高度重视脱贫攻坚工作。党的十九大报告强调，“坚决打赢脱贫攻坚战”“重点攻克深度贫困地区脱贫任务，确保到二〇二〇年我国现行标准下农村贫困人口实现脱贫，贫困县全部摘帽，解决区域性整体贫困，做到脱真贫、真脱贫”。人力资源和社会保障系统全面推进社会保险扶贫工作，进一步织密扎牢社会保障“安全网”，提升社会保险工作科学化、精细化水平。

打赢脱贫攻坚战是党中央、国务院的重要决策部署。自 2016 年以来，人力资源和社会保障部先后6次召开部党组会和部务会专题研究扶贫工作，并印发《人力资源社会保障部关于在打赢脱贫攻坚战中做好人力资源社会保障扶贫工作的意见》等一系列文件，就人力资源和社会保障领域扶贫工作做出安排，提出要求。2017年8月，人力资源和社会保障部会同财政部、国务院扶贫办联合出台《关于切实做好社会保险扶贫工作的意见》（以下简称《意见》）。《意见》提出，社会保险扶贫的目标任务是充分发挥现行社会保险政策作用，完善并落实社会保险扶贫政策，提升社会保险经办服务水平，支持帮助建档立卡贫困人口、低保对象、特困人员等困难群体及其他社会成员参加社会保险，基本实现法定人员全覆盖，逐步提高社会保险待遇水平，助力参保贫困人员精准脱贫，同时避免其他参保人员因年老、疾病、工伤、失业等原因陷入贫困，为打赢脱贫攻坚战贡献力量。

在党中央的坚强领导下，在包括人力资源和社会保障部门及广大干部群众的努力下，2020年年底，我国完成了全面脱贫攻坚，实现“我国现行标准下农村贫困人口实现脱贫，贫困县全部摘帽，解决区域性整体贫困”的目标任务，为全球减贫事业做出了重大贡献。

3. 养老保险与医疗保险保障百姓的基本生活

家住宁夏回族自治区固原市原州区彭堡镇河东村的低保户李会芳和丈夫两人依靠城乡居民养老金和低保金获得的收入合计为每月600元。她于2016年在西安市西京医院做了双侧人工全膝关节置换术，总共的医疗花费近13万元。相对于他们的收入来说，这笔花费简直是一笔天文数字。但在最终支付时，统筹基金支付了8万余元，大病医保支付了2万余元，民政救助了2万元，他们夫妇实际仅仅花费了1万元。李会芳感慨：“现在有养老保险和医疗保险太好了，养老的钱够生活，医疗花费自己掏得也不多，以前想都不敢想”。

低保户李会芳夫妇生活情况的显著改善离不开财政汲取能力的提升及由此带来的社会保障收入分配能力增强。国家筹集社会资源，通过面向贫困阶层的转移支出计划，影响不同利益主体之间的分配关系与利益格局，实现公平正义，做到“病有所医”“老有所养”。

（二）案例的思政元素

1. 坚持“以人民为中心”的发展思想

党的二十大报告指出：“我们深入贯彻以人民为中心的发展思想，在幼有所育、学有所教、劳有所得、病有所医、老有所养、住有所居、弱有所扶上持续用力，人民生活全方位改善……建成世界上规模最大的教育体系、社会保障体系、医疗卫生体系，教育普及水平实现历史性跨越，基本养老保险覆盖十亿四千万人，基本医疗保险参保率稳定在百分之九十五……人民群众获得感、幸福感、安全感更加充实、更有保障、更可持续，共同富裕取得新成效。”

2. 坚持中国式现代化是全体人民共同富裕的现代化

党的十九届五中全会向着更远的目标谋划共同富裕，提出了“全体人民共同富裕取得更为明显的实质性进展”的目标。共同富裕本身就是社会主义现代化的一个重要目标。共同富裕是中国特色社会主义的本质要求，也是一个长期的历史过程。社会保障作为二次分配的制度安排，可以均衡再分配、缩小贫富差距和收入不平等，有助于实现共同富裕。中国共产党坚持把实现人民对美好生活的向往作为现代化建设的出发点和落脚点，着力维护和促进社会公平正义，着力促进全体人民共同富裕，坚决防止两极分化。

3. 习近平总书记关于中国特色社会保障建设的重要论述

党的十八大以来，习近平总书记围绕社会保障建设发表了一系列重要讲话，对我们深刻认识民生建设和社会治理的重要地位，落实以民为本、以人为本的执政理念，在学有所教、劳有所得、病有所医、老有所养、住有所居上持续取得新进展，具有十分重要的指导意义。习近平新时代中国特色社会主义思想以人民为中心，把增进民生福祉作为发展的根本目的，坚持在发展中保障和改善民生，抓住人民最关心最直接最现实的利益问题。习近平总书记在党的二十大报告中指出：“社会保障体系是人民生活的安全网和社会运行的稳定器。健全覆盖全民、统筹城乡、公平统一、安全规范、可持续的多层次社会保障体系。完善基本养老保险全国统筹制度，发展多层次、多支柱养老保险体系。实施渐进式延迟法定退休年龄。扩大社会保险覆盖面，健全基本养老、基本医疗保险筹资和待遇调整机制，推动基本医疗保险、失业保险、工伤保险省级统筹。促进多层次医疗保障有序衔接，完善大病保险和医疗救助制度，落实异地就医结算，建立长期护理保险制度，积极发展商业医疗保险。加快完善全国统一的社会保险公共服务平台。健全社保基金保值增值和安全监管体系。健全分层分类的社会救助体系。坚持男女平等基本国策，保障妇女儿童合法权益。完善残疾人社会保障制度和关爱服务体系，促进残疾人事业全面发展。坚持房子是用来住的、不是用来炒的定位，加快建立多主体供给、多渠道保障、租购并举的住房制度。”

坚持在发展中保障和改善民生、维护社会公平正义，是中国特色社会保障制度的根本价值取向。中国共产党把实现好、维护好、发展好最广大人民根本利益作为党和国家一切工作的出发点和落脚点，在推进社会保障制度建设过程中，强调保障基本民生、兜牢民生底线，切实解决人民群众最关心、最直接、最现实的利益问题。

五、教学方法

（一）案例教学法

教师通过给出有关新时代我国社会保障的案例，并在案例中引入知识点，使学生了解新时代我国社会保障取得的成就，思考如何巩固目前取得的成果，反思还存在哪些改进的空间。

（二）研讨式教学法

学生在掌握了教师讲授的知识点后，思考教师提出的问题，进行小组自由讨论，进一步巩固知识点，并自主思考，最后进行小组观点展示与分享。

（三）启发式教学法

教师可以为学生提供一些关于我国社会保障制度有研究意义的方向，让学生在课后根据感兴趣的研究方向，自主阅读文献和开展调查实践，增强学生的自主学习能力。

六、教学实施过程

（一）课前准备

学生预习财政学课程社会保障的相关知识，初步了解社会保障的概念、职能理论以及筹措机制等；上网查阅资料，了解我国社会保障的最新理论、我国社会保障建设取得的新成就以及存在的不足和改进之处。

（二）课堂教学

教师根据案例教学，引入知识点；在知识点讲解完成后，提出思考问题，引导学生分析新时代我国社会保障制度中的思政元素。学生结合案例进行分组讨论，汇报讨论结果，教师加以点评。主要问题如下：

（1）谈谈社会保险扶贫今后的重点工作会有哪些？

（2）结合生活实际经历与感悟，谈谈李会芳的案例如何体现社会保障的再分配职能?

（3）结合习近平新时代中国特色社会主义思想与案例，谈谈新冠病毒感染疫情防控中财政如何发挥再分配职能?

（三）分析思路

（1）谈谈社会保险扶贫今后的重点工作会有哪些?

参考答案：

一是积极推进参保扩面。我国应以全面实施全民参保计划为抓手，加强数据比对，精准定位未参保贫困人员；加强社保宣传，抓住入户调查时机上门提供社保政策宣传讲解和参保登记等服务，实现符合条件的建档立卡贫困人口、低保对象、特困人员等困难群体应保尽保。二是完善政策。我国应研究建立城乡居民养老保险待遇确定和基础养老金正常调整机制，完善城乡居民养老保险筹资和保障机制，逐步提高保障水平；提高城乡居民基本医保筹资水平，巩固和增强基本医保和大病保险保障能力，重点围绕深度贫困地区和特殊贫困人口，切实提高贫困人员医保受益水平。三是加强部门协调。我国应研究建立人力资源和社会保障、财政、民政、卫生健康、扶贫等部门信息共享机制，完善现有信息系统，开展贫困人口信息与参保人员信息的实时更新与动态比对，为实施社会保险精准扶贫提供数据支持。四是加强经办服务能力建设。我国应加强人员培训，整合公共服务资源，优化经办流程，以信息化推动经办管理服务科学化、规范化、便捷化，为贫困地区参保人员提供安全、方便、快捷、优质的服务。五是加强工作督导。我国应深入贫困地区，对社保政策落实，特别是基金和扶贫资金使用等情况实地调研督导，切实保证政策落实到位、基金安全到位；通过实施专项行动抓好稳岗补贴、技能提升补贴政策的落实，加强对贫困人员的重点帮扶。

（2）结合生活实际经历与感悟，谈谈李会芳的案例如何体现社会保障的再分配职能?

参考答案：

社会保障是政府依照一定的法律和规定，对全体社会成员的基本权利和基本福利提供保障的一系列物质帮助与社会服务，是一种非市场化的再分配方式和社会机制。社会保障的重要职能就在于再分配。转移性支出是对中低收入阶层的收入保障，如养老保险制度、社会救助制度等，是财政再分配职能的一个重要内容。

在李会芳的案例中，统筹基金支付了 8 万余元，大病医保支付了 2 万余元，民政救助为 2 万元，这些属于财政转移性支出的内容，即社会保障制度对中低收入阶层给予一定的收入支持，体现了财政在为低收入人员提供基本生活物质条件方面做出的努力，有效解决了看病贵的问题，让每一个人的基本医疗需求能够得到保障。

（3）结合习近平新时代中国特色社会主义思想与案例，谈谈新冠病毒感染疫情防控中财政如何发挥再分配职能？

参考答案：

党的十九大报告指出：“按照兜底线、织密网、建机制的要求，全面建成覆盖全民、城乡统筹、权责清晰、保障适度、可持续的多层次社会保障体系。”在抗击新冠病毒感染疫情过程中，我国财政通过多层次的社会保障体系，基本实现了“兜底线、织密网、建机制”的要求。所谓兜底线，就是要更好地发挥社会保障的兜底作用，国家在疫情期间及时发放孤儿基本生活费、残疾人两项补贴，切实保障低收入人口的基本生活。所谓织密网，就是要实现制度最广泛的覆盖，国家在疫情期间确保每位患者不因费用问题影响就医，让人人享受到基本的社会保障。所谓建机制，则是进一步完善社会保障机制以应对新冠病毒感染疫情防控，降低其对低收入阶层生产生活的影响。

（四）归纳总结与课后讨论

学生汇报结束后，教师对学生的汇报进行归纳总结。教师应注重引导学生强化对我国新时代社会保障制度的认识及其中蕴含的思政元素。例如，我国的社会保障制度怎么体现以人民为中心、共同富裕等理念。教师应坚定学生对中国特色社会主义的道路自信、理论自信、制度自信和文化自信。教师可以就新时代中国社会保障制度给出一些具有探索价值的研究方向，引导学生课后自主深入学习。

（1）社会保障是否拖累经济发展？社会保障制度的经济学实质是社会再分配，是一种不同于初次分配，即不是完全由人的经济理性、（商品）市场法则决定的，而是在一国民众对基本人权的认知和社会保障待遇达到一定共识基础上，形成相关的法律、法规，并加以强制实施的社会制度安排。因此，学界对社会保障是否拖累经济发展持不同的意见。一部分学者认为，社会保障通过促进再分配，降低、消弭“社会排斥”和社会对抗，从而熨平经济大幅波动，发挥减少紊乱的避震功能，维持经济长期稳定增长。另一部分学者认为，社会保障是一种沉重的经济负担，造成庞大的财政赤字和公共债务，拖累经济的增长。近年来，尤其是欧债危机以来，在老龄化、全球化、数字化和人工智能化冲击下，有关社会保障和经济发展的争议又再度引发广泛的讨论和研究。有的经济学家认为，福利制度触发经济衰退，抑制生产力发展。有的经济学家持相反观点，认为社会不平等导致经济危机，而福利制度可以纠正不平等，缓解经济危机。那么，社会保障是否会拖累经济值得我们进行实证研究。欧债危机以后，欧洲社保制度的目标定位从“福利国家”向“竞争国家”转变，欧洲各国均进行了较为深刻的社保改革，这对我国社会保障的可持续发展有哪些启发呢？

（2）数字经济如何影响社会保障制度的运行？近年来，数字经济成为各国经济发展的新动力，它同时也影响着社会保障制度。以筹资方面为例，数字经济冲击了传统的征税系统，导致偷税漏税现象频发，这会导致税收的流失进而损害社保基金的稳定性。近年来，以互联网平台和电子商务平台为主体的数字经济参与者逃避企业税款的情况相当严重。同时，数字经济也带来了灵活的就业形式。当大量年轻人以不稳定的就业形式进入劳动力市场，或者以自雇者身份工作，参保群体大量减少，导致工业化时期形成的社保筹资方式处于“失灵”状态。面对数字经济的冲击，我国应该如何进行社保制度的创新，来提升社保制度的包容性与灵活性以及利用数字技术的治理功能来提升社会保障制度的管理水平呢？

七、实施成效

（一）知识层面

教师应帮助学生理解财政与社会保障的关系，掌握社会保障的职能理论、政府在社会保障中的作用、社会保障资金的筹措机制、社会保障的统筹能力等理论知识，清醒认识新时代我国社会保障取得的成就和面临的困境，深入思考我国社会保障制度在实现中国式现代化的道路上如何进一步完善。

（二）能力层面

教师主要培养学生的三种能力：一是案例分析能力，通过小组讨论来锻炼；二是口头表达能力，通过上台展示来锻炼；三是辩证性思考能力，通过小组与小组之间以及学生与教师之间相互提问回答互动来锻炼。

（三）素质层面

教师应主要提升学生的思想政治素养，在社会保障理论知识基础上结合马克思主义原理与习近平新时代中国特色社会主义思想，增强学生对中国社会保障制度在收入再分配方面优越性的认知，提高认同感；让学生感受到中国共产党始终坚持以人民为中心的发展思想，维护人民根本利益，增进民生福祉，不断实现发展为了人民，发展依靠人民，发展成果由人民共享，让现代化建设成果更多更公平惠及全体人民，激发学生的爱国情怀、社会责任感和担当意识，自觉为中国特色社会主义事业的建设添砖加瓦。

参考文献

[1] 陈斌. 国外数字经济对社会保障制度影响的研究述评 [J]. 国外社会科学，2022（4）：124-136，199.

[2] 韩克庆. 风险与应对：新冠肺炎疫情中我国减缓企业社会保障缴费的政策评估 [J]. 社会保障研究，2022（1）：61-68.

[3] 马骁，周克清. 财政学 [M]. 5 版. 北京：高等教育出版社，2022.

[4] 张春红. 中国社保大奖的“含金量”：专访国际社会保障协会秘书长汉斯·霍斯特·康克乐伍斯基 [J]. 中国社会保障，2016（12）：24-25.

[5] 侯明，张贵凤，曲洋. 地方财政社会保障支出的就业效应：基于空间面板模型的实证研究 [J]. 华东经济管理，2020（5）：105-112.

[6] 王绍光，胡鞍钢. 中国国家能力报告 [M]. 沈阳：辽宁人民出版社，1993.

[7] 郭继强. 全面提高国家汲取财政能力的战略思考 [J]. 经济理论与经济管理，1996（2）：22-26.

国有资产：中国经济的“顶梁柱”和民生福祉的重要基础

文峰

一、知识要点

理解概念：国有资产的含义及分类、国有资产管理的含义。

掌握理论：国有资产的主要特征，国有资产管理的一般性内容，经营性国有资产、非经营性国有资产和资源性国有资产管理的内容。

二、教学目标

（一）能力培养

系统思维能力：学生通过学习国有资产相关知识，把握我国的基本经济制度，即我国实行以公有制为主体，多种所有制经济共同发展的基本经济制度，国有资产、国有企业是公有制经济的重要载体。

实践判断能力：国有资产有不同的形式，经营性、非经营性和资源性国有资产的投资、经营、收益分配与产权管理具有一定的差异。教师应引导学生结合党的二十大报告关于国有企业改革的论述，充分认识国有企业在维护国家安全中的作用。

批判思维能力：教师通过讲解新加坡、芬兰等国有主权财富基金的运作方式，引导学生了解国外主权财富基金管理的做法，比较这些国家与我国国有资产管理方式的差异和我国可以借鉴的经验与做法。

（二）价值塑造

形成专业意识：教师通过对国有资产与公有制、社会主义市场经济体制和中国特色社会主义公共财政管理内在联系的梳理，厘清国有资产管理与中国特色社会主义财政管理的理论联系，加深学生对我国国有资产管理基本规律的认识和理解。

坚定“四个自信”：国有资产是全体人民的共有资产，是国家投资或通过国家法律规定属于全体人民的资产，是我国社会主义制度的物质基础。管理好国有资产是巩固社会主义经济基础的内在要求，是增进全体人民共同福祉的必然要求。通过案例学习，学生可以增强对社会主义经济制度的认同和自信。

增强社会责任感：教师通过对国有资产相关知识的讲解和案例分析，提高学生对加强国有资产管理的认知，自觉加强对国有资产相关问题的关注。

三、教学重点与难点

（一）教学重点

教师通过全面讲解国有资产的投资主体、形成方式、产权主体、产权属性等方面的内容，从理论上深化学生对国有资产基本含义的理解。

教师结合国有资产管理的典型例子明确不同类型国有资产管理的主要内容、目标差异、重点、难点。

（二）教学难点

我国国有资产管理具有一般性与特殊性双重属性。从国有资产管理一般性的角度看，国有资产属于国家全体人民的公共资产，属于公共资金。国有资产管理需要遵循财政管理的一般规律。从国有资产管理特殊性的角度看，我国国有资产规模大、分布广，重点分布在关系国家安全、经济安全、公共品提供和自然资源等领域，管理好国有资产不仅是公共财政管理的基本要求，而且是巩固社会主义经济基础、发挥社会主义制度优越性的必然要求。

四、课程思政案例介绍

（一）案例的支撑材料

国有资产管理是公共财政管理的重要内容。我国拥有规模庞大的国有资产，充分理解国有资产管理在巩固和夯实我国社会主义经济基础，发挥其在维护国家安全、促进经济发展和共同富裕中的作用以及加强国有资产管理的必要性和重要性对认识国有资产管理和公共财政管理的一般性与中国特色具有十分重要的作用。

根据《中共中央关于建立国务院向全国人大常委会报告国有资产管理情况制度的意见》和《全国人民代表大会常务委员会关于加强国有资产管理情况监督的决定》的要求，国务院国有资产管理委员会（以下简称“国资委”）形成了《国务院关于2021年度国有资产管理情况的综合报告》（以下简称《报告》）。

《报告》显示，2021年，全国国有企业资产总额为308.3万亿元、负债总额为197.9万亿元、国有资本权益为86.9万亿元；全国国有金融企业资产总额为352.4万亿元、负债总额为313.7万亿元、净国有资产为25.3万亿元；全国行政事业性国有资产总额为54.4万亿元、负债总额为11.5万亿元、净资产为42.9万亿元。其中，行政单位资产总额为19.0万亿元，事业单位资产总额为35.4万亿元。在自然资源类国有资产方面，截至2021年年底，全国国有土地总面积为52 346.7万公顷。其中，国有建设用地为1 796.3万公顷、国有耕地为1 955.5万公顷、国有林地为11 245.7万公顷、国有草地为19 757.2万公顷、国有湿地为2 178.3万公顷。根据《联合国海洋法公约》有关规定和我国主张，我国管辖海域面积约为300万平方千米。2021年，全国水资源总量为29 638.2亿立方米。

2021年，国有资产管理开展的主要工作如下：我国在国有企业性资产管理中，深化供给侧结构性改革，大力推进绿色转型发展，推动火电、石化、化工、钢铁、有色、建材等行业企业加快转型升级。我国培育前瞻性战略性新兴产业。在服务国家重大战略和保障改善民生方面，我国对接落实京津冀协同发展、长三角一体化、粤港澳大湾区和雄安新区建设等国家重大战略。我国高标准做好建党100周年系列庆祝活动、北京冬奥会和冬残奥会等重大活动的服务保障工作；加快推进科技抗疫，为精准防控疫情贡献力量。在金融企业国有资产管理方面，我国持续增强金融服务实体经济能力，引导国有金融机构围绕高质量发展目标，持续加大对普惠小微、绿色发展、科技创新、乡村振兴等重点领域和薄弱环节的支持；加大对小微外贸企业信贷支持力度；支持疫情防控重点保障企业和疫苗生产运输企业稳产保供；着力防范化解重大金融风险；支持和引导资本规范健康发展；督促指导国有金融机构“瘦身健体”、回归主业。在行政事业性国有资产管理中，我国大力推进公共服务均等化，重点支持幼儿园新建、改扩建，支持县域普通高中改扩建和设备购置，有序扩大城镇学位供给，改善办学条件。在国有自然资源资产管理方面，我国重点加强自然资源基础管理，加快构建国土空间规划体系和用途管制制度，加大生态保护和修复力度，强化自然资源保护和节约集约利用，持续推进自然资源法治建设。

（二）案例的思政元素

1. 国有企业是中国特色社会主义经济的“顶梁柱”

我国国有企业的发展经历了革命战争时期、社会主义改造时期和社会主义建设时期三个大的阶段，对新中国的建设发挥了重要的作用。国有企业战略性结构调整之后，部分集中在关系国民经济命脉的关键领域，在维护国防安全和国家经济安全方面发挥了重要作用；部分集中在基础设施领域，在方便人民群众生活、服务经济社会发展等方面发挥了重要作用。

我国国有企业在服务国家重大战略和保障改善民生方面，落实国家重大发展战略，加大对关系国家发展的跨区域基础设施建设，促进区域经济结构优化，维护国家国防安全和经济安全，引领经济发展新方向，突破了对狭隘、短期、局部经济效益的约束，对稳定中国特色社会主义经济发展发挥了重要的“顶梁柱”作用。

2. 国有资产是实现共同富裕目标的重要物质基础

从产权属性看，国有资产是属于全体人民共同所有的资产，全体人民应该分享国有资产经营管理带来的收益，国有资产是实现共同富裕的重要物质基础。人民分享国有资产的收益、实现共同富裕目标的途径包括从国有资产营运过程中受益和从国有资产营运结果中受益两个方面。前者包括国有资产在公益性、准公益性领域的投资形成的全体人民共同受益的公共产品和公共服务。例如，在生态环境保护、精准扶贫、城乡基础设施建设、重大疾病防控、义务教育等方面提供公共产品和公共服务。后者涉及国有资产经营所得的国有资本收益上缴财政形成的财政收入投入公共产品和公共服务提供中，全体人民可以在承担较低税负的情况下获得较好的公共消费。例如，国有资本充实养老保险、增强养老保险的保障能力等。当然，国有资产的产权属性是实现共同富裕的重要前提，要使其在促进共同富裕中发挥重要作用还需要加强国有资产管理，改善国有资产管理绩效。

3. 国有资产是促进实体经济发展、维护国家经济安全的重要保障

在国际社会经历百年未有之大变局的情况下，国家经济受到多方面不确定性风险的威胁，维护国家经济安全是确保经济持续发展、实现中华民族伟

大复兴的中国梦的必然要求。国有资产可以从多个途径促进实体经济发展，维护国家经济安全。其一，加大国有资产在基础设施、装备工业、重要能源和原材料工业等领域的布局力度有助于改善实体经济发展的基础条件，促进实体经济的发展。其二，优化国有资产的投资结构可以促进我国整体经济结构的优化，提高整体经济的竞争能力，增强抵御外来不利冲击的能力。其三，加大国有金融资产对实体经济发展的支持力度有助于改善实体经济发展的金融环境，促进实体经济发展。其四，加大国有资产对关系国家宏观、整体、长期经济安全领域的布局力度有助于增强我国经济的抗风险能力。

五、教学方法

本案例教学采取课堂讲授与讨论相结合的方法。

（一）课前准备环节

在学生已预习课程教学内容，充分了解课程教学内容的基础上，教师在课堂教学前通过微信、电子邮件等方式向学生发送课程教学案例，敦促学生结合课程教学内容，认真阅读，领会案例内容，并查阅相关资料挖掘案例中隐含的思政元素。

（二）课堂讲授与讨论环节

教师根据课程教学要求讲解国有资产的概念、特点、外延和国有资产管理内容等知识点，引入课程思政教学案例，引导学生讨论案例中涉及的问题。在学生充分讨论的基础上，教师对学生的讨论结果进行点评，归纳、提炼案例中的课程思政元素，强化课程思政要点。

（三）课后思考环节

教师根据课程教学内容，引导学生在课后进一步阅读教学内容相关的文献、资料，加强对国有资产管理与新时代中国特色社会主义关系的认识，充分认识国有资产管理的一般规律与中国特色社会主义市场经济体制下国有资产管理特殊性的关系。

六、教学实施过程

（一）讨论与思考

教师讲解主要知识点后，对案例进行简单说明并提出思考问题，鼓励学生通过小组讨论在课堂上深化对国有资产相关理论的认识。主要问题包括：

（1）结合我国国有资产规模的数据，谈谈我国国有资产的性质及对我国财政的影响。

（2）结合我国国有资产与财政的关系，谈谈加强国有资产管理对我国财政管理的意义。

（3）结合我国国有企业改革的基本过程，谈谈国有企业改革对巩固我国社会主义经济基础的意义。

（二）分析思路

（1）结合我国国有资产的相关数据，谈谈我国国有资产的性质及对我国财政的影响。

参考答案：

我国国有资产主要包括经营性国有资产、非经营性国有资产和资源性国有资产三种类型。我国国有资产经历了一个形成、积累和逐渐扩大的过程。随着经济社会的发展，我国国有资产的规模、结构和分布也会不断调整，国有资产存量的相关信息可以从每年国资委发布的国有资产管理综合报告中获取。

从产权角度看，我国国有资产是属于全体人民共同所有的资产。该资产的受益主体应该是全体人民。尽管国有资产不能直接被全体人民个别所有、占有、使用、处置和受益，但其最终受益主体应该是全体人民。

在西方财政理论中，社会公众通过纳税形成公共财产，政府借助政府预算配置公共财产，向社会成员提供公共产品和公共服务，满足社会成员的公共需要。第二次世界大战后，西欧主要发达国家都形成了规模庞大国有资产，这些资产主要分布在电力、铁路、机场、通信等关系国民经济发展的基础产业领域，由于经营管理的原因和相关产业自身所属领域的属性，形成了长期、大量亏损。在 20 世纪 80 年代中期的私有化浪潮中，这些国家的国有资产被私有化，转化成了私有资产。我国作为社会主义国家，在长期的发展中形成了规模巨大的国有资产，这些国有资产通过生产和提供公共产品与公共服务，可以满足社会成员的公共需要，可以为国民经济发展提供重要的支撑，这是我国社会主义财政相比于西方资本主义财政的特殊性。

（2）结合我国国有资产与财政的关系，谈谈加强国有资产管理对我国财政管理的意义。

参考答案：

国有资产是产权归属于全体人民的资产，国有资产产权的所有者、占有者和使用者可以分离，但产权所有者有权取得国有资产的相关收益，源于国有资产的收益也是财政收入的重要形式。从国有资产的收益形式来看，其既可以通过国有资产的使用来体现公有产权的性质，如国有资产用于生产公共产品和公共服务，并由社会公众免费使用；也可以通过国有资产占用者、使用者向财政上缴收益形成财政收入，再通过政府预算安排用于生产公共产品和公共服务满足社会公众的公共需要；还可以通过国有企业利用国有资产生产具有正外部性的物品或服务，社会公众支付低于市场价格的价格获得相关物品或服务，等等。由此可见，国有资产与财政紧密联系，国有资产管理水平的提高有助于增强财政提供公共品和公共服务的能力。国有资产管理是财政管理的重要组成部分。

加强国有资产管理是我国财政管理的重要内容，提高国有资产管理水平对提高财政管理水平、更好满足社会成员的公共需要具有十分重要的意义。我国国有资产规模巨大、形式多样，不同形式的国有资产的差异较大，不同形式的国有资产的形成形式、产权界定、营运方式和国家参与利益分享的形式等差异较大。如何有效管理国有资产，提高国有资产管理效率，防止国有资产流失，实现国有资产保值增值，对于维护公共利益、增强国家财力具有十分重要的意义。

（3）结合我国国有企业改革的基本过程，谈谈国有企业改革对巩固我国社会主义经济基础的意义。

参考答案：

我国有企业改革经历了一个复杂的过程。在计划经济时期，我国国有企业管理体制比较僵化，一定程度上压抑了国有企业的活力。在改革开放初期，国有企业改革通过放权让利、承包制等改革措施，经营自主权逐步扩大，市场意识、竞争意识不断增强。同时，国家根据不同产业的特点，逐步放松了非公有制企业进入的限制，鼓励和支持非公有经济的发展，个体、私营、外资企业等一批市场竞争主体逐步形成和发展起来。

20 世纪 90 年代，我国经济成分发生了较大变化，私有经济和中外合资、股份制等混合所有制经济得到初步发展。1998 年，国务院启动国有企业改革攻坚，现代企业制度改革提速。国有企业改革总原则是“抓大放小”，小型国有企业通过引入非国有资本、职工参股、兼并重组、经营承包、资产出售等多种手段实现不同性质资本对所有权的混合。伴随着国有资产监管体制改革、资本市场功能逐步完善，国有企业以改制上市为主要途径推进产权层面的混合所有制改革。

党的十八届三中全会提出混合所有制是以公有制为主体，多种所有制经济共同发展的基本经济制度。党的十九大报告提出“深化国有企业改革，发展混合所有制经济，培育具有全球竞争力的世界一流企业”。国有企业通过混合所有制改革，实现多元股权结构，形成协调运转、有效制衡的法人治理结构。党的二十大报告提出“深化国资国企改革，加快国有经济布局优化和结构调整，推动国有资本和国有企业做强做优做大，提升企业核心竞争力”。我国国有企业改革的过程就是国有企业经营机制不断适应市场经济体制的需要、增强国有企业活力和竞争力的过程。

国有企业改革有利于增强国有企业的活力，国有企业改革促进了国有资产管理体制逐渐完善。国有企业改革增强了国有企业的活力，也意味着国有资产管理效率的提高。国有企业经营越是适应市场经济的要求，国有资产就越能够更好地保值增值，越能够增加财政收入，越能够保证我国财政的健康运行。

七、实施成效

本案例教学主要引导学生对国有资产的公有产权性质的理解，从国有资产的产权属性出发理解其在满足社会需要、促进共同富裕、维护国家经济安全等方面的作用；理解所有者主体如何从国有资产中受益以及如何加强国有资产管理，使其功能和作用得到充分发挥。教师通过案例教学，能够加深学生对国有资产产权属性与作用的认识，准确把握国有资产在满足社会公共需要、维护国家经济安全、维护社会稳定、促进共同富裕等方面的作用。

参考文献

[1] 国务院关于 2021 年度国有资产管理情况的综合报告 [EB/OL]. (2022 - 11 - 16) [2023 - 10 - 10]. http://www.sasac.gov.cn/n2588025/n2588119/c26496596/content.html.

[2] 武志强. 经纬国富 呈报人民：写在国有资产管理情况报告制度建立五周年之际 [EB/OL]. (2023-04-17) [2023-10-10]. https://hea.china.com/article/20230417/042023_1258439.html.

［3］黄胜平. 重视地方人大对我国开发区国有资产管理的监督：以江浙部分地方人大对开发区国有资产监督为例［J］. 人大研究，2022（3）：19-24.

［4］文宗瑜. 从关注国有资产家底转向侧重国有资本价值：国有资产管理情况报告的进一步完善［J］. 财政监督，2019（17）：20-26.

［5］王晨. 全面推进建立和实施国有资产管理情况的报告制度：在国有资产管理情况报告制度座谈会上的讲话［J］. 中国人大，2018（10）：12-16.

税收成本与效率：感知中国税收的“民本”与治理现代化

郭佩霞

一、知识要点

理解概念：税收成本的含义及分类、税收效率原则。

掌握理论：现代税收原则的理论内涵及中国式税收治理体系。

二、教学目标

（一）能力培养

系统思维能力：教师通过讲解税收成本帮助学生掌握税收效率的内涵，引导学生培养系统分析、解决问题的综合思维能力。

实践判断能力：教师通过中国税收成本横向与纵向对比，让学生在事实依据和价值判断的基础上，结合现实情境提出控制税收成本、提高税收效率的解决方案。

批判思维能力：教师在介绍税收行政成本与营商环境变化的中国式进路中，以现代税收原则理论知识为基础，多角度、多层次激发学生对中国式现代化税收治理的批判思维和创新思维。

（二）价值塑造

形成专业意识：教师通过在时间轴中呈现中国税收行政成本与市场活力的变化，深入讲解税收效率知识点的内涵，并在政府治理现代化的宏微观视角中浸润“民为邦本”的文化底蕴及新时代演绎，让学生学会运用专业知识讲好中国式的政府治理能力现代化故事。

坚定“四个自信”：教师通过讲解税收成本动态变化引导学生正确认识

我国税收效率，感受我国税收征管的进步及其能量，进而坚定对中国式现代化道路的信心。教师通过提取具有中国特色的制度建设与治理方式的案例，使学生坚定“四个自信”。

增强社会责任感：教师通过讲解税收管理的变化及趋势，增强学生对财政在国家治理现代化中的基础作用及实现治理现代化的中国式道路的认同，激发学生的爱国之情、社会责任感和担当意识，引导学生深入社会、关注现实问题，培养知行合一的社会主义事业建设者。

三、教学重点与难点

（一）教学重点

税收成本既是对行政管理的描述，也是对经济运行效率的刻画，同时还是理解政府与市场关系的钥匙。教师在教学中需要从行政管理与经济运行两个视角出发解析税收成本，即税收成本包括征纳双方因涉税直接发生的行政成本和因税收引发的经济性效率损失（超额负担）两个部分。

教师应从学生可感知的税收成本内容导入税收效率的内涵，从行政效率与经济效率两个层次引导学生理解税收效率原则。税收效率包括行政效率与经济效率，行政效率通常以税收行政成本占全部税收收入的比重作为衡量指标，比值越低，税收效率越高；经济效率通常以超额负担高低作为评判依据，它主要表现在资源配置方面，重点需观测税收对社会资源配置和经济运行机制的影响。若以经济个体为对象，税收经济效率表现为促进市场主体发育、提高企业或个人效率、增强市场活力。

（二）教学难点

（1）税收经济效率与“以人民为中心”的内在联系。税收经济效率与“以民为本”内在联系缺乏直观的材料支撑，教师需要透过现象看本质，从纳税人纳税费用变化、具体税制效应以及可观测的现象入手引导学生比较变革前后包括税收成本在内的营商环境、市场主体发育与规模、企业与个人的公平感知及行为变化等来渗透中国式税收治理的“江山就是人民，人民就是江山”的理念。

（2）税收效率与国家治理体系、治理能力现代化的逻辑联系。将具体化的税收成本上升到国家治理现代化层面有一定难度，教师在教学中需要通过税制变革、“放管服”改革实践，从政府与市场、国家与社会等多个视角引导学生认识税收效率变化中呈现出的国家治理理念及治理能力现代化；借助税务管理自我完善、自我革新、自我提高能力的增强，让学生领会税务部门的守正创新与责任担当；把握全局和局部、当前和长远、宏观和微观关系，从税收作为历次改革的“排头兵”，阐述其在国家治理体系现代化中的引领性作用和对“有效市场、有为政府、有序社会”的塑造功能。

四、课程思政案例介绍

（一）案例的支撑材料

税收成本既是税务机关征管效率的反映，也是税收履行经济调控、监督管理职能状态的直观呈现，还是新时代“有效市场、有为政府、有序社会”新境界的一个映射。不断降低税收成本、优化营商环境、激发市场活力、推进国家治理现代化、实现高质量发展是我国近年来税收管理改革的重要内容。

1. 税收营商环境：初步感知中国的税收成本

《世界纳税报告》从纳税次数、纳税时间、总税率、报税后事项四个方面反映一国（地区）税制的复杂性、税收申报征管系统的服务效率和税收负担的程度。2008—2020 年，中国税收在促进营商环境优化方面交出了耀眼的成绩单。

根据 2020 年《世界纳税报告》，中国税收营商环境持续改善并促进了经济社会的高质量发展。“纳税时间”从 2004 年的 832 小时压缩到 2018 年的 138 小时，提速超过八成。“纳税次数”从多年来稳定的 9 次降低到 7 次，低于全球平均值（23.1 次）。“报税后事项”衡量的是企业在纳税申报之后发生特定事项（比如企业所得税更正申报等）所需付出的时间成本，中国的数值为 50，低于全球平均数值（60.9）。这在过去是难以想象的。2006 年，872 小时的纳税时间、47 项需缴纳的税种、77.1%的总税率以及落后的纳税手段，使得中国纳税成本在 175 个受调查国家（地区）中高居第 8 位。

纵向对比，中国的表现是出色的；横向相比，中国的表现依然亮眼。根据 2020 年《世界纳税报告》，中国纳税次数为 7 次，总体上优于经济合作与发展组织（OECD）国家的均值（10.3 次）和亚太地区国家的均值（21.1 次）。纳税时间综合反映一国（地区）的税制复杂程度、税务机关纳税服务便捷度、企业办税人员的专业素质以及中介市场的发展水平，我国的该指标得分也优于 OECD 国家（见表 1）。

表 1　纳税指标得分的国际比较

时间	国家（地区）	年纳税次数/次	年纳税时间/小时	总税率和社会缴纳费率/%	税后流程（0~100）/分
2019	中国	7.00	142.00	64.90	50.00
	亚太地区国家	21.20	180.90	33.50	56.42
	OECD 成员国	11.20	159.40	39.80	84.41
	表现最好经济体	3.00	49.00	21.60	100
2020	中国	7.00	138.00	59.20	50.00
	亚太地区国家	21.10	191.00	36.60	57.40
	OECD 成员国	10.30	158.80	39.90	86.70
	表现最好经济体	3.00	49.00	26.10	—

数据来源：《世界纳税报告》（2019—2020 年）。

从中国的纳税环境评估指标来看，中国税收也为营商环境优化做出了卓越的贡献。根据中国国际贸易促进会研究院《2021 年度中国营商环境研究报告》，2021 年企业对财税服务环境（4.52 分）总体评分最高，在 12 个一级指标（基础设施、生活服务、政策服务、社会信用、公平竞争、社会法治、科技创新、人力资源、金融服务、财税服务、海关服务、企业设立和退出）中高居榜首，达到优秀水平。具体而言，企业平均税费缴纳次数从 2020 年的 15.83 次降低为 12.55 次；税费缴纳耗时从 12.62 小时降低至 7.25 小时；总费率从 21.96% 下降到 15.46%；总税率从 34.15% 下降到 24.84%（见表 2）。

表 2　2020—2021 年中国财税服务环境指标对比

项目	2020 年	2021 年
税费缴纳次数/次	15.83	12.55
税费缴纳耗时/小时	12.62	7.25
总费率（缴费占总利润的百分比）/%	21.96	15.46
总税率（缴税占总利润的百分比）/%	34.15	24.84

数据来源：《2021 年度中国营商环境研究报告》。

税收征管成本主要反映了税务系统征税的费用。一般来说，征税成本率、人均征税额、税务机关人员数量等可以用来刻画税务机关征税成本。其中，征税成本率是一定时期内税务机关税收成本额与征收税额之比，征税成本率越高，征收效率越低。人均征税额是一定时期税收收入与税务机关人员数量之比，人均征税额越高，征收效率越高；反之，征收效率越低。税务机关人员数量作为机构规模指标，与征税成本为反比例关系，税务机关人员数量越多，征税成本越高。

表 3 反映了中国 2012—2020 年征税成本变化情况。其中，人均征税额总体呈增长趋势。税务机关人员数量有所减少，在一定程度上反映了我国不断精简税务队伍的努力。征税成本率在 2012 年后总体呈下降趋势，2018 年虽有所上升，但这并不意味着我国税收征管成本呈非正常增长。该变化可能与我国 2018 年国地税机构合并有关，为顺利推进两大征管系统合并，相关沟通会议、工作部署以及两大系统的磨合等都可能推高了税收征管成本。从长期看，国地税系统磨合后有助于进一步降低征税成本，这由 2019—2020 年征税成本率的下降可见一斑。

表 3　中国 2012—2020 年征税成本变化情况

年份	税收收入/亿元	税务机关人员数量/万人	人均征税额/万元	税收事务支出/亿元	征税成本率/%
2012	100 614. 28	75. 69	1 329. 33	1 522. 39	1. 51
2013	110 530. 70	75. 66	1 460. 9	1 585. 19	1. 43
2014	119 175. 31	75. 28	1 583. 19	1 610. 23	1. 35
2015	124 922. 2	74. 64	1 673. 63	1 548. 61	1. 24
2016	130 360. 73	75. 06	1 736. 84	1 671. 74	1. 28
2017	144 369. 87	75. 31	1 917. 03	1 788. 93	1. 24
2018	156 402. 86	74. 02	2 112. 99	2 027. 44	1. 30
2019	172 113. 62	72. 03	2 390. 47	2 190. 35	1. 27
2020	165 999. 55	70. 89	2 351. 32	2 000. 82	1. 21

数据来源：《中国税务年鉴》（2013—2021 年）。

2. 税收“放管服”改革：降低税收成本、优化营商环境的利器

中国纳税营商环境的改善，不仅是“减税降费”的结果，也是政府转变职能、实施“放管服”改革的结果。根据《国家税务总局关于进一步深

化税务系统“放管服”改革 优化税收环境的若干意见》的要求，中国税务系统近年来“放管服”改革主要在简政放权上做“减法”，在放管结合上做“加法”，在优化服务上做“乘法”（见表4）。

表4 税务系统“放管服”改革主要措施

简政放权	1. 减少和优化税务行政审批
	2. 推行税收权利和责任清单
	3. 简化纳税人设立、迁移、注销手续
	4. 改进纳税人优惠备案和合同备案
	5. 精简涉税资料报送
放管结合	1. 改革税收管理员制度
	2. 全面推行实名办税
	3. 推进跨区域风险管理协作
	4. 建立信用动态监管方式
	5. 优化征管资源配置
	6. 强化部门协同合作
优化服务	1. 推行新办纳税人“零门槛”办税
	2. 创新发票服务方式
	3. 便利申报纳税
	4. 大力推行网上办税、就近办税
	5. 提高政策透明度
	6. 完善纳税服务评价机制

“加法”“减法”“乘法”并举打造了全新的税务系统。精简办税流程、创新监管模式、优化纳税服务等不断提高了我国税收征管效率。以成都为例，首先，精简办税流程使纳税人获得更多便利。例如，税收行政审批权在2013年年初尚有87项，简政放权后，税收行政审批权只保留了30项，纳税人便利程度大大提高。

其次，创新税收监管模式有效降低了税收征管成本。一是“实名办税”，即让纳税人享受一次身份确认、终身零障碍办税的优质服务，尤其是身份证识别和人脸识别技术的应用，直接减少了税务机关资料审核工作量和降低了错误率，提高了办税服务窗口的工作效率。二是税收管理员制度由属地管理方式转变成按信用情况分级、分类分行业的管理方式，实现了税收征管规模效应，提高了税务资源配置的效率。三是跨区域风险管理协作的推进，打破了部门间的横向壁垒和纵向壁垒，信息渠道一体化大大降低了信息不对称带来的危害。四是信用动态监管机制的建立，缩短了征管机构评价纳税人的时间。

最后，优化纳税服务降低纳税成本，提升了纳税人对税务机构的信任度。一是建设“电子办税大厅”，整合“掌上办税”“电子税务局”等移动办税模式，有效满足纳税人的合理办税需求。二是提高政策的透明度。成都市税务局积极利用“12366”、门户网站、网上办税服务厅以及微博微信等网络渠道，积极宣传税收优惠政策并对税收热点问题进行解读。三是完善纳税服务评价体系并定期进行自查。成都市税务局按照世界银行营商环境口径构建自己的评价体系并定期进行自我考核，及时分析改革的成效与改革存在的问题。

（二）案例的思政元素

1.“以人民为中心”的税收“放管服”改革

税务系统“放管服”改革，不仅是服务态度的改变，更重要的是以纳税人的实际需求为征管的出发点和落脚点。“放管服”秉承“质量和效率是最好的服务”的宗旨，主动将“服务”“利民”“便民”的思想渗透进中国税收征管的血脉。改革集中体现了党中央的人民立场和为民情怀。从“减税降费”到“放管服”，中国税收成本不断下降，税收征管实现了从“管制”向“服务”的转变，彰显了“为人民谋幸福”的初心。

“以提高群众满意度和获得感为抓手，顺应纳税人期盼”，既是改革的初心，也是持续推进的中心。为更好地快响应、解难题，形成征纳之间的良好氛围，福建税务部门面向 4 339 户纳税人、缴费人开展需求调查，招募税费服务体验师 150 名，为办税缴费专业“挑刺”。纳税人的普遍体验是——现在的税务部门更有“温度”了。智慧税务依托数据与技术创新，将“以人民为中心”作为终极目标，建设税收治理形态，通过打造“线下服务无死角、线上服务不打烊、定制服务广覆盖”的税费服务新体系，实现了从无差别服务向精细化、智能化、个性化服务的转变。

无论是“减税降费”还是“放管服”，简政放权，持续打造市场化、法治化、国际化的营商环境始终被放在首位，改革最大限度地为纳税人减负松绑，最大限度地释放改革红利。一系列便利纳税人的措施，将税收惠民落在实处。例如，税务智慧自助云厅实现了发票领用、发票代开、涉税证明开具等全功能涉税业务办理简捷化，“非接触式”办税缴费成为常态，税务部门服务能力提升了1倍、办税时间缩短1/3、办税缴费速度提高了30%以上，市场主体准入比过去更快捷了。

2. 国家治理现代化导向的税收征管改革

相关营商环境报告生动展现了中国税收环境的动态轨迹，中国纳税环境的优化是财政发挥国家治理的基础性和支撑性作用不断增强的过程，是税务行政部门征管水平与治理能力上升的反映。无论是“减税降费”还是“放管服”改革，其措施都反映了中国税务在培育和激发市场主体活力上的努力以及从单纯的“收支”管理到“经济与社会”嵌入的改变。通过革故鼎新的自我变革和与其他部门的深度融合，税务部门正为推动高质量发展、推进国家治理体系和治理能力现代化提供有力支撑。

首先，“放管服”改革是税务部门自我完善、自我革新、自我提高的改革，是实现税收治理现代化的推陈出新的持续性实践。“放管服”改革凸显了“依法治税”理念，税收法治化水平不断提高。为了把“确保党和人民赋予的权力始终用来为人民谋幸福”落到实处，各级税务部门将“双随机、一公开”作为日常稽查执法的基本形式，充分挖掘利用税收大数据，不断提升稽查的公平性、规范性、有效性，有效减轻了企业负担，减少了税务权力寻租空间。国家税务总局修订并发布实施的《税收征管操作规范》《全国税务机关纳税服务规范》《全国税务稽查规范》等法规，进一步细化了稽查证据规则，明确了非法证据排除规则、提取电子证据、证据复制件规则等内容，并增加了行政处罚决定公开和撤回、暂缓或延期缴纳罚款等制度，充分保障了纳税人的知情权、生存权等权利。

其次，“放管服”改革以“精细化”推动税收征管的系统性和合成性优化，全面促成税费服务能力的提升。税务部门针对不同环节的服务内容，借助税费宣传、税费咨询、权益保护、信用管理、社会协作等多种方式，构建了囊括事前（为纳税人、缴费人提供咨询与辅导服务，提高其纳税缴费能力）、事中（为纳税人、缴费人提供方便和快捷的服务渠道，保障其依法办理相关事项）、事后（为纳税人、缴费人的监督投诉、争议处理、损害赔偿提供权益保障服务）的全流程税费服务体系。税务部门推行“信用+风险”动态监控，实施“无风险不打扰、低风险预提醒、中风险勤提示、高风险严监控”的创新性监管和执法方式，提升了税收整体服务能力与水平。总体来看，现行税收法治体系更加成熟完备，税费服务体系更加优质便捷，税费征管体系更加严密规范，税费组织体系更加高效清廉。

最后，税收从立足于经济领域到立足于国家治理。税务部门作为服务型政府的一部分，服务对象已经拓展到经济建设、政治建设、文化建设、社会建设和生态文明建设等各个方面。在重塑税收治理的规则和制度后，税收治理不再局限于经济范畴的简单思维，而是站在国家治理高度，将其作为国家治理的基础性和支撑性要素，通过加强与其他政府部门协作形成服务合力，作为覆盖国家治理全过程、各领域的综合性制度安排加以构建，从而全力服务国家治理现代化。

3. 有效市场和有为政府相结合的税收驱动

从“放管服”改革到税制变革，中国税务一直与构建高水平社会主义市场经济体制相融通，为建成现代化经济体系、形成新发展格局而努力，一系列税费支持政策和办税缴费便利化举措，助力企业焕发生机活力，书写了中国式现代化发展的新篇章。这突出地表现为税收改革引领“有为政府”与“有效市场”更好地结合。回顾我国治理体系的历次重大变革，中国税务都以“引领者”的定位主动变革以全面提升服务高质量发展的能力和水平，主动融入并形成市场作用和政府作用有机统一、相互补充、相互协调、相互促进的格局。税收不仅从宏观调控治理层面驱动形成有为政府，而且从影响微观资源配置层面驱动形成有效市场。

第一，税收助力于全国统一大市场的建设。全国统一大市场的形成，需要打通产业链与供应链“堵点”、畅通“痛点”、补上“断点”。我国近年来的增值税改革先是打通增值税全行业抵扣链条，破除妨碍生产要素市场化配置的体制机制障碍，平衡不同产业间的利益分配，稳定市场主体预期，激发市场的活力和潜力；后又着力推动简并税率、适度缩小增值税优惠范围等，在保持税基完整、统一的基础上解决“高征低扣”“低征高扣”给产业链资源配置带来的扭曲效应。增值税收入分享体制改革则有效降低了地方政府对投入要素空间分布的过度干预，使区域税收分配与城镇化水平、人口流动更加协调。

第二，税收给予市场主体新的体验以持续激发其活力。市场主体是经济发展的基本载体，它们是否具有活力直接影响“有效市场”的形成。“放管服”改革和减税降费通过为企业减负和创造公平有序的竞争环境等激发各类市场主体活力。据统计，“十三五”时期，我国减税降费累计超过 7.6 万亿元，税务行政审批事项减少 93%，税务证明事项减少 58%，涉税资料报送减少 50%，享受税收优惠所需证照资料有 95%由“备案”改为“备查”，极大降低了市场主体税费负担和制度性交易成本。在惠企政策滋养下，各类市场主体蓬勃成长。“十三五”时期，我国新办涉税市场主体（所谓新办涉税市场主体，是指在市场监管部门登记注册，且到税务部门新办理税种认定、发票领用、申报纳税等涉税事项的企业、个体工商户等市场主体）总计达 5 874 万户，年均超 1 000 万户，较“十二五”时期增加 2 736 万户，增长 87.2%。2020 年年末，全国增值税一般纳税人共 1 127 万户，较 2016 年年初的 601 万户增长 87.5%，其中七成左右由小规模纳税人发展壮大而来。

五、教学方法

教师在课程教学中需要以学生对事件和情境分析、思辨为重点来增强学生对税收效率原则的掌握，并进而提升学生运用理论创新解决实际问题的能力。本案例教学采用 BOPPPS 教学法。在课前准备阶段，教师以案例激发学生的学习兴趣并明确任务与目标。在课中环节，教师以“问题引导→开放式讨论→归纳与总结讲授→引申与启发式观点呈现”方式开展教学，通过材料阅读、感性体验、讨论与思想碰撞、总结讲授与引申启发、价值认同的渐进式教学化解学生的学习障碍，培育学生的家国情怀。在课后巩固阶段，教师区分不同学生的能力水平，设计具有一定难度与挑战性的问题以提高学生的学习能力。

六、教学实施过程

（一）案例准备：导入与明确目标

教师在课程教学前一周借助图片、热点问题、社会舆论、纪录片等导入税收行政成本，引导学生关注中国税收改革和政府治理变革，激发学生的学习兴趣。同时，教师把案例材料分发给学生，并布置学生预习、学习线上课程以了解税收原则，明确学习任务与目标。

（二）讨论与思考

教师采用问答、小测验等方式了解学生先备知识，并据此确定后续教学内容的深度及进度。教师对案例做简要说明，按照“问题引导→讨论→总结”的形式推进课程的参与式教学。主要的讨论题目包括：

（1）结合案例，理解税收效率的含义，并从税收效率的内涵出发说明税收成本的主要构成。

（2）结合案例，分析中国控制税收成本的具体做法，谈谈提高税收效率的实现路径。

（3）结合案例，从“财政是国家治理的基础和重要支柱”的论断出发，谈谈税收如何助力国家治理能力提升。

（4）结合案例，分析税收“放管服”改革如何体现“以人民为中心”的理念，如何提升了国家的治理能力？

（三）分析思路

（1）结合案例，理解税收效率的含义，并从税收效率的内涵出发说明税收成本的主要构成。

参考答案：

税收效率原则主要包括税收经济效率和税收行政效率。税收经济效率是指政府通过税收制度在把资源转移给公共部门的过程中，尽量使税收对市场经济运行产生扭曲所造成的福利损失最小化。税收行政效率是指为取得一定数量税收收入而付出的税收成本最小化。

广义的税收成本是指征纳双方在征税和纳税过程中所付出的一切代价（包括有形的和无形的），具体包括征税成本、纳税成本以及课税负效应三个部分；狭义的税收成本仅包括征税成本与纳税成本。

其中，征税成本是指政府为取得税收收入而支付的各种费用，包括直接成本和间接成本。直接成本是指税务部门的税务设计成本（包括税法及相关政策的设计和宣传等）、税收征收成本、开展纳税检查并处理违规案件的查处成本三个部分；间接成本是指社会各相关部门及团体、组织等为配合税务系统组织税收收入而承担各项工作的费用。

纳税成本是指纳税人为履行纳税义务所付出的耗费，如税制学习成本；税务登记、建立账册以及核算等支出；因聘请会计师或税务顾问所花费的时间、精力和货币支出；缴纳税款时所投入的人力、物力、财力以及耗费时间和精力，等等。

课税负效应是指政府课税对经济运行和纳税主体决策产生扭曲，从而造成超过政府税收收入的额外经济损失。例如，相对于消费型增值税而言，生产型增值税规定企业的固定资产投资不能抵扣进项税额，使得企业会因资本有机构成不同、材料投入和劳务投入比例的不同而承担不同的税负，从而造成资源配置的扭曲，阻碍企业的技术进步和产业升级。

（2）结合案例，分析中国控制税收成本的具体做法，谈谈提高税收效率的实现路径。

参考答案：

税收成本如何是多种因素共同作用的结果。一般来说，税制设计、征管体制、纳税意识等均会影响税收成本。从案例可知，我国近年来降低税收行政成本的方法，主要可以归结为以下几点：

第一，以减税降费为导向的税制优化。例如，增值税扩围降率改革，个人所得税推行综合与分类相结合的计税方法、新增个人专项附加扣除，企业所得税扩大小微企业范围、鼓励创新创业税收优惠，等等。这些改革不仅直接减轻了纳税人的负担，降低了纳税成本，而且通过税制优化，更好地服务于市场经济的发展。例如，创新创业税收优惠降低了创新活动的成本，吸引了大量投资者，为我国经济结构调整创造了条件；小微企业范围的扩大则进一步为市场经济主体开展竞争创造了公平的税收环境，有助于降低税收对市场的扭曲。

第二，以信息技术为载体建立全新的税收管理系统以降低成本。一方面，信息技术下快速、高效、规模化作业替代缓慢、低效的人工作业，降低了税务系统的运行和管理成本；另一方面，涉税数据共享等极大地弱化了偷漏税的动机，提高了税收遵从度，在一定程度上为公平竞争创造了条件，有助于降低税收的额外经济损失。

第三，以税政统一性降低对市场配置资源的扭曲。提高税收政策的统一性、规则的一致性、执行的协同性，能够有效打通产业链与供应链“堵点”，促进要素、资源、商品、服务的市场流通，减少税制对市场资源配置的扭曲进而增进经济效率。

因此，我国可以借助多种路径实现税收成本的有效控制，如优化税制、完善税收政策，建立简繁适度的税制体系；推动税收管理改革，建立新的税收稽征模式、强化财政税收监督、采用数据化管理；通过税收宣传等优化税收环境，提高纳税人的税收遵从度，等等。

（3）结合案例，从“财政是国家治理的基础和重要支柱”的论断出发，谈谈税收该如何助力国家治理能力提升。

参考答案：

税收要助力国家治理能力的提升，需要强化其在资源配置、社会公平、市场统一、国家长治久安上的作用，尤其是推动经济发展方式转变，推进社会事业建设，切实增强人民群众获得感。鉴于国家治理的两大核心是经济效率和社会秩序，税收提升国家治理能力可以从以下三个方面着手：

一是税收应适应经济发展新常态，提高政策的精准性、有效性，以减税降费、“放管服”改革等调动市场主体积极性，为构建双循环新发展格局服务。税收应充分考虑市场主体行为特点和社会心理，通过税收征管改革强化服务意识、提高政策透明度等，促进新动能成长和产业升级，为经济平稳运行和发展提质增效。

二是税收应更注重公平、促进社会正义，着力于消除税收制度对市场的扭曲，创造公平竞争环境与和谐社会环境，不断增强人民群众获得感。

三是税收应落实税收法定原则，构建符合产权保护逻辑、保证自由进入和退出市场、促进公平竞争和增进信用的税制体系。

（4）结合案例，分析税收“放管服”改革如何体现“以人民为中心”的理念，如何提升国家的治理能力？

参考答案：

“放管服”改革的推进使得税收嵌入经济、社会的程度不断增强，体现了“以人民为中心”的理念，极大提升了国家的治理能力。

首先，“放管服”改革是重塑政府与市场关系的一场深刻变革。“放管服”改革保证了税务部门职能由“执法型”向“服务型”转变，以用户体验为中心完善征管系统成为工作重点，减少行政审批，规范税收执法权力运行，加强执法行为监督，回应纳税人需求，维护纳税人合法权益日益凸显。税务部门定位的调整为明确政府和市场的关系指明了方向，使“市场在资源配置中起决定性作用”由纸面转化为现实，对营造稳定、公平、透明、可预期的营商环境，增强市场主体公平竞争、激发市场创新创业活力起到了推动作用。

其次，“放管服”改革是税务部门运用信息技术提升国家治理能力的一次实践。在“放管服”改革中，税务部门以互联网、大数据、云计算等现代信息技术为手段来开展智能监管、业务创新，让纳税人由“跑马路”转向“跑网路”，实际上是运用现代信息技术来改进政府管理和服务、推行“互联网+监管”“互联网+政务服务”“互联网+审批”等，这既是新技术在国家治理中的应用，更是以新技术重构政府权力结构、运行机制、管理方式，提升国家治理能力的探索。

最后，“放管服”改革是以问题为导向完善税务执法制度和机制的改革。法治是国家治理体系和治理能力现代化的重要依托。一方面，“放管服”改革严格规范税务执法行为，坚决防止落实税费优惠政策不到位、征收“过头税费”以及对税收工作进行不当行政干预等行为。另一方面，通过推行精细化服务，税务执法中粗放式、选择性、“一刀切”执法得以避免，执法精确度也得以提高。此外，“放管服”改革中创新性地运用非强制性税收执法方式，研究推广“首违不罚”清单制度和加强税务执法区域协同，有效促进了依法纳税。其中，纳税人资质异地认同、跨省通办涉税涉费事项范围等促进了公平竞争的全国统一大市场的形成。

（四）案例总结与延伸

通过本案例教学，学生在学习税收效率原则知识点的同时，可以学会运用马克思主义辩证法客观看待税收在国家治理中的作用，学会从专业视角解读中国税收制度与税务管理行政变革。学生在肯定中国税收成本控制成绩的同时，需要进一步思考完善优化税收成本控制的路径。教师应以激励手段引导学生深入探究税收效率，增强学生对税收效率的理解，提升学生分析、解决问题的能力，并强化价值浸润与塑造。

七、实施成效

（一）教学成效

（1）明确了课程目标，提高了育人效果。教师通过真实事件回放和材料阅读，从知识与能力、情感与态度、价值与立场三个维度组织课堂教学和课下学习，同步实现价值塑造、能力培养、知识传授三位一体的教学目标。案例材料解决了书面知识的单调性问题。教师通过理论与实践、讲授与讨论相结合，激发了学生的学习兴趣，做到授课不说教，同时，通过比较分析，在润物于无声中培养学生的家国情怀、社会责任感和历史使命感。

（2）通过课下阅读、课堂讨论与讲授，课程的挑战度增加，较好地满足了不同层次学生的学习需求。课堂教学满足一般水平学生对知识点的掌握的需求，思想碰撞与课后思考则增加了学习难度，满足部分学生对高难度、高质量学习的需求。

（二）存在的实际困难和问题

学生课前预习与材料阅读情况参差不齐，部分学生在开放式讨论时参与不足。学生对知识点的延伸和拓展重视不够，在课后巩固与提升上投入的时间、精力有限。

对存在的以上问题，教师可以尝试采用现代教育技术（如雨课堂等）提高学生的课堂参与度，并加大课前预习和材料阅读的指导与跟进。

参考文献

[1] 国家税务总局湖北省税务局课题组. 世界银行营商环境报告及我国得分情况分析［J］. 税务研究，2019（1）：80-85.

[2] 朱静. 从“链”上开票延伸到“链”上管税［J］. 新理财（政府理财），2020（1）：40-41.

[3] 吕佳莲. 放管服对税收征管效率的影响研究［D］. 成都：西南财经大学，2019.

[4] 中国国际贸易促进委员会. 2021 年度中国营商环境研究报告［EB/OL］.（2022-07-01）［2023-10-10］. https://www.nuokew.cn/h-nd-415.html.

[5] 王伟域. 深化税收征管改革 服务国家治理现代化［EB/OL］.（2021-05-25）［2023-10-10］. https://m.thepaper.cn/baijiahao_12841150.

[6] 张景华. 税收营商环境评估的中国化进路［J］. 税务研究，2022（10）：100-104.

税收诚信：税收遵从与税收强制性

周克清

一、知识要点

理解概念：纳税人、税收诚信、税收遵从、税收强制性。

掌握理论：纳税人与扣缴义务人、违反税收法律法规的处罚措施。

二、教学目标

（一）能力培养

系统思维能力：学生通过阅读材料，提炼税收诚信与税收遵从的相关知识点；教师通过对材料的分析讲解，帮助学生系统了解相关知识，引导学生培养分析问题的能力。

实践判断能力：根据案例材料，学生能就国内民众的诚信纳税情况进行初步的判断，善于运用适当的理论知识，就提高民众的纳税诚信度提出合理的政策建议。

批判思维能力：教师通过讲解基本知识点与案例材料，帮助学生理解税收遵从与强制的差异性后果及在现实生活中的多样性表现，提高学生的批判思维能力。

（二）价值塑造

形成专业意识：学生通过案例学习和相关专业知识学习，能够正确认识和理解社会经济主体的涉税行为，并加以有效分析。

增强前沿意识：教师通过案例教学，拓宽学生视野，使学生理解当前中国的税收征管活动及要求，培养学生养成关注国家税收制度及政策和热点问题的学习习惯。

增强社会责任感：教师通过案例教学，引入社会主义核心价值观和中华传统优秀文化中的诚信，使学生理解我国诚信纳税面临的困难与相关症结，引导学生培养诚信做人的品质和诚信纳税的意识。

三、教学重点与难点

（一）教学重点

纳税人与负税人、扣缴义务人的区别；纳税人负有义务，享有权利，纳税义务不能转嫁；征税对象、税率及其他相关税制要素在税收制度中的地位。

（二）教学难点

税收诚信的必要性，税收遵从的影响因素；税收诚信对降低社会运行成本、实现社会和谐的重要性；将税收诚信与社会主义核心价值观的诚信相结合，从而塑造青年学生的世界观、人生观和价值观。

税收违章处理的措施；纳税人不诚信、不遵从税收法律法规，必然受到相应的处罚。

四、课程思政案例介绍

（一）案例的支撑材料

1. 诚信纳税与企业绩效提升

李林木等（2020）就赏罚机制、税收遵从对企业绩效的影响进行了研究。他们以上市公司和“新三板”企业为组合样本，从微观层面检验了我国2014年以来纳税信用制度改革实施的联合奖惩政策的“双重红利”效应。他们的研究表明：第一，尽管单独实施联合惩戒政策能够提升税收遵从度，但加上联合激励政策后提升税收遵从的效果更显著，并且赏罚机制对税收遵从度越低的企业起到的促进作用越大；第二，赏罚机制对税收遵从度越高的企业起到的绩效提升作用越大，其中联合激励政策不仅显著提高了目标A级企业的经营绩效，而且对未受到惩罚地区企业的经营绩效也有显著的正向影响；第三，赏罚机制对企业税收遵从和经营绩效的效应在不同性质的企业间呈现出显著异质性；第四，纳税信用等级作为衡量税收遵从度的指标充当了联合激励政策作用于企业绩效的传导机制。

2. 朱某某、林某某偷逃税案

随着我国数字经济转型，网络主播带货成为新的经济热点，但网络主播偷逃税也渐成高发趋势。2021 年 11 月 22 日，新华社记者从浙江省杭州市税务部门了解到，网络主播朱某某（微博 ID：雪梨 Cherie）、林某某（微博 ID：林某某_ Sunny）因偷逃税款，将被依法追缴税款、加收滞纳金并处罚款分别为 6 555.31 万元和 2 767.25 万元。

浙江省杭州市税务部门通过税收大数据分析，发现朱某某、林某某两名网络主播涉嫌偷逃税款，在相关税务机关协作配合下，对其依法开展了全面深入税务稽查。经查，2019—2020 年，朱某某、林某某通过在上海、广西、江西等地设立个人独资企业，虚构业务将其取得的个人工资薪金和劳务报酬所得转变为个人独资企业的经营所得，偷逃个人所得税。朱、林两人的上述行为违反了相关税收法律法规，扰乱了税收征管秩序。

3. 毛某某偷逃税案

1998 年 9 月 28 日，新华社播发的一条电讯引起国人的极大关注：知名歌手毛某某偷税案调查终结。报道称，毛某某自 1994 年 1 月至 1996 年 3 月期间，与 8 个演出承办单位扣缴义务人共同偷税事实成立，依据《中华人民共和国税收征收管理法》的规定，税务机关拟对毛某某处以所偷税款 3 倍的罚款，共计 81.33 万元。

毛某某说，自己按照当时“所有人”的做法去做，“别人没有问题我想我也没有问题”。税款本应由扣缴义务人（演出主办单位）代扣代缴，毛某某称出事后演出主办单位把责任都推在她身上。

1998 年的“税案风波”后，毛某某选择远走异国他乡，在海外漂泊了 4 年。2000 年，毛某某缴纳了 81 万元罚款，并替演出商补缴了近 57 万元税款，取得全部完税凭证。

4. 刘某某偷逃税案

2002 年 4 月，经北京市地税局查证，北京某文化艺术有限责任公司自 1996 年以来采取不列或少列收入、多列支出、虚假申报等手段偷逃巨额税款。

2002 年 5 月，影视明星刘某某涉嫌偷税的事情被媒体曝光并不断发酵。2002 年 6 月 20 日，刘某某被公安局依法拘留。2002 年 7 月 24 日，刘某某因偷漏税被正式逮捕。当时已年近 50 岁的刘某某锒铛入狱，曾经风光一时的影视明星一夜落魄。2003 年 2 月 17 日，刘某某逃税案调查结束，其文化艺术有限责任公司偷逃税 1 458.3 万元，税务机关不仅追缴税款，还加收滞纳金 573 万元。

5. 范某某偷逃税案

影视明星范某某偷税漏税事件是 2018 年中国演艺圈的一件大事，范某某及其担任法定代表人的企业因偷逃税款遭调查并被处以巨额罚款。

2018 年 5 月 28 日，央视前著名主持人崔某某在微博曝光一份范某某演出的保密合同，案涉总额为 6 000 万元，但当中涉及“大小合同”，“小的”是 1 000 万元，“大的”是 5 000 万元。2018 年 10 月 3 日，新华社证实，国家税务总局以及江苏省税务局已查清范某某“阴阳合同”涉税问题的案件事实，范某某须在限期内缴清近 9 亿元的欠税及罚款。否则，税务机关将依法将其移送公安机关处理。同日，范某某在微博发声并贴出致歉信，完全接受税务部门的一系列处罚决定，并积极配合完成欠税及罚款的缴纳。

（二）课程的思政元素

本案例的思政元素主要是社会主义核心价值观中的诚信。

诚信是社会主义核心价值观的重要内容。诚信即诚实守信，是人类社会千百年传承下来的道德传统，它强调诚实劳动、信守承诺、诚恳待人。

中国自古以来非常重视诚信。先秦时期，儒家就提出“诚”和“信”的概念，把诚信作为修身处世治国的基本美德。《中庸》提出：“诚者，天之道也；诚之者，人之道也。”《中庸》把“诚”视为天性和礼的核心范畴，认为诚笃之德是达至“天人合一”境界的前提。荀子进一步认为，“诚”为“政事之本”。宋代的朱熹认为，“信”不仅是“仁”的表现，更是人们交往的准则。显然，在中国传统思想中，诚信不仅是一个基本的伦理概念，更是人们立身处世的基本品质。

税收诚信是社会主义核心价值观的重要组成部分。税收诚信不仅是市场经济条件下税收宣传的口号，更是社会基本道德规范，是构建新型税收征纳关系的基础。在市场经济这个大环境下，不论是纳税人，还是代表国家行使执法权的征税机关，都应坚守诚信原则，以诚信为根本，努力营造良好的税收诚信氛围，促进社会主义市场经济健康发展。税收诚信是社会主义市场经济的客观需要，也是全面推进依法治税的内在要求；既是公民的法定义务，又是遵守公民道德规范的具体体现。

税收遵从需要纳税人诚信纳税。换个角度而言，税收遵从需要对缺失诚信的纳税人实行适度的惩罚，这就是税收理论上讲到的违章处理。也就是说，如果纳税人违反税法，那么就需要根据其情节严重程度接受行政处罚和刑事处罚。税务机关需要拿起法律的武器来处分违反税收法律法规的单位和个人。

五、教学方法

（一）案例解析法

教师以偷逃税案为案例样本，解析行为人偷逃税的手段与受到的处罚，强调税收的强制性及诚信纳税的必要性。

（二）讨论教学法

结合实际案例，以已有研究为基础，教师启发、鼓励学生以小组为单位进行互动讨论，分析诚信纳税如何提升企业绩效，违反税法如何影响企业可持续发展，思考新时代诚信纳税与依法征税的必要性。

六、教学实施过程

（一）课程导入

税收是公共服务的对价，民众要想享受公共服务就必须缴纳税金。如果纳税人和普通民众具有较强的税收诚信意识，那么整个社会的税收遵从度就会比较高，而征税成本则会显著降低。当然，由于税收与公共服务之间没有直接的对应性，因此需要以国家的政治权力作为后盾进行强制性的征收，违反税收法律规定的纳税人都应该而且必须受到相应的处罚。

纳税诚信对降低税务机关的征管成本、提高税务行政效率有多大的作用呢？如果整个社会没有诚信意识，将会对一个国家的社会经济运行产生什么影响呢？如果一个人没有诚信意识，那么他如何在整个社会中立足呢？

（二）课程与案例讲解

纳税人是税法规定的负有纳税义务并享有相关权利的单位和个人，又称为纳税主体。纳税人可以是法人，也可以是自然人。与纳税人相关的两个概念是负税人和扣缴义务人。负税人是指最终承受税款的单位和个人。扣缴义务人是指按照税收法律法规的规定负有代扣代缴、代收代缴税款义务的单位。

诚信纳税的要求起源于税收的强制性。税收的强制性表明，税收分配关系是一种社会最高代表和社会成员必须遵守的权利义务关系，具有法律的约束力和强制性。任何社会成员如果不遵守这种关系，都将受到法律的惩罚。同时，如果每一项税收活动都必须完全依赖于强制性，则可能导致税收征管成本居高不下。因此，国家通过各种活动引导社会成员自觉遵守法律规定，即诚信纳税。诚信纳税有助于降低税收征管活动的成本，缓解国家机关与社会成员之间的矛盾，是一个社会所倡导的社会规范。实际上，诚信本身也是社会主义核心价值观的重要内容。

税收遵从的影响因素包括纳税人的纳税心理、社会规范、税收文化和税收知识，税务机关的征管能力、稽查力度和惩罚成本，政府提供公共服务的效率和公平性，等等。

违章处理是指国家对纳税人违反税法的行为所规定的惩罚措施，并用以保障税收活动的正常进行。换句话说，如果纳税人不诚信纳税，不按照税法的规定进行纳税，就会受到法律的制裁。

（三）讨论与思考

教师根据课程知识点与案例的讲解，引导学生讨论以下三个问题：

（1）在刘某某偷逃税案与范某某偷逃税案中，为何前者入狱、后者却是追缴税款及滞纳金和罚款？

（2）纳税人与扣缴义务人有何区别？毛某某谈到“税款本应由扣缴义务人（演出主办单位）代扣代缴”，为何扣缴义务人没有缴纳税款她还是要承担法律责任？

（3）结合税收原理相关知识及社会主义核心价值观中的诚信内容，谈谈如何做到诚信纳税？

（四）分析思路

教师根据学生的讨论，适度回应上述三个问题，引导学生进一步掌握相关知识点，并深刻理解诚信纳税在社会主义核心价值观中的重要地位。

（1）在刘某某偷逃税案与范某某偷逃税案中，为何前者入狱、后者却是追缴税款及滞纳金和罚款？

参考答案：

刘某某本人因偷税漏税问题被刑事拘留，但本人未被起诉，仅其公司被定罪。

刘某某案发 2002 年，适用 1997 年的《中华人民共和国刑法》。偷税漏税达到刑事立案标准，就可能面临严厉的刑事处罚，因此刘某某被羁押。

2002 年 6 月 20 日，刘某某被刑事拘留。2003 年 8 月 16 日，刘某某被取保候审，其在看守所被羁押时间长达一年多，但最终刘某某未被检方起诉。刘某某案是以单位犯罪被起诉，被起诉的是某文化艺术有限责任公司和公司总经理，而刘某某没有被认定为单位犯罪中的应该承担刑事责任的责任人。

法院认定，1996—2001 年，该文化艺术有限责任公司违反税收征管规定，偷逃各种税款共计 6 679 069. 6 元。被告人于 1996—2001 年任被告单位总经理，主管财务工作，对任职期间单位实施的偷税行为负有直接责任，故而被判三年有期徒刑。

范某某案适用《中华人民共和国刑法修正案（七）》，其涉罪名为逃税罪（逃避缴纳税款罪），初次违法时补缴税款、滞纳金及罚款后，可以免予刑事处罚。

在《中华人民共和国刑法》中，逃税罪之前叫偷税罪。2009 年，《刑法修正案（七）》对此条文进行修正，偷税罪罪名被取消，修改为逃税罪。《中华人民共和国刑法修正案（七）》对逃税罪增加了初次违法免罪的规定。经税务机关依法下达追缴通知后，补缴应纳税款，缴纳滞纳金和罚金，已受行政处罚的，不予追究刑事责任。范某某案中，税务部门对范某某及工作室追缴税款、滞纳金和罚款，限期缴清后就不会追究范某某及相关单位的刑事责任。

各类明星工作室的逃税方式，总结起来大致有三种——“一加二减三截留”。所谓“加”，就是虚列成本，加大账面支出；所谓“减”，就是指不列收入、少列收入，或者将进账计入往来账户，减少账面收入；所谓“截留”，是指作为扣缴义务人的明星工作室，将实际代扣的演员个人所得税先行扣除，但是却不上缴税务部门，将国家税款据为己有。

（2）纳税人与扣缴义务人有何区别？毛某某谈到“税款本应由扣缴义务人（演出主办单位）代扣代缴”，为何扣缴义务人没有缴纳税款她还是要承担法律责任？

参考答案：

纳税人是指税法规定的直接负有纳税义务并享有相应权利的单位和个人，又称纳税主体。扣缴义务人是指依照税收法律法规的规定负有代扣代缴、代收代缴税款义务的企事业单位。扣缴义务人既不是一般意义上的纳税人，又不是实际负担税款的负税人，只是负有代为扣税并缴纳税款法定职责的义务人。

在税收征管方面，有一个非常重要的原则——“纳税责任不转嫁”。其意思是说，扣缴义务人可以为纳税人代扣代缴税款，但如果他们没有代扣代缴或代扣代缴数额不正确，那么纳税人依然有义务自行缴纳或补交税款。换句话说，在代扣代缴义务人没有代扣代缴的情况下，如果纳税人没有自行缴纳或补交税款，那么同样需要承担相应的法律责任。

在毛某某案中，她可能与演出商达成了协议，由演出商代为扣缴相关税款，但她应当索取相应的纳税凭证以确保对方按时足额缴纳税款。显然，毛某某没有确保对方缴纳了相应的税款。由此，税务机关和人民法院判定毛某某存在偷漏税款的违法行为，需要补缴税款、滞纳金以及罚款并承担相关法律责任。

（3）结合税收原理相关知识及社会主义核心价值观中的诚信内容，谈谈如何做到诚信纳税？

参考答案：

督促纳税人诚信纳税需要从以下四个方面入手：第一，加大宣传教育力度，营造税收诚信氛围。各级政府及税务部门要通过积极宣传来营造“依法诚信纳税光荣，偷税逃税可耻”的社会氛围，使诚信纳税意识深入人心。第二，税务部门要做到诚信征税，树立政府诚信形象。税务部门要提高征税行为的透明度，依法征税，坚决杜绝人情税、关系税的现象，惩治腐败，严厉打击税务系统个别人员利用税收执法权为自己牟取私利的行为。同时，税务部门要建立良好的服务体系，增强服务意识，提供优质高效的纳税服务，做到以诚征税，以诚管理，为纳税人诚信纳税营造良好的氛围。第三，建立纳税信誉等级制度，为税收诚信建立起有效的制约机制。税务部门应对纳税人建立信誉档案和税收数据库，作为全国统一的社会信用体系的重要组成部分。同时，税务部门应建立覆盖全社会的、严格的税收信息监督和奖惩制度，给予纳税信誉等级高的企业和个人以相应的优待和奖赏。第四，坚持法治与德治相结合，建立税收诚信长效机制。国家在建立健全科学完备的税收法律制度体系和加强税收诚信教育、培养公民诚信纳税意识的基础上，还要依法治税和以德治税并举。

（五）案例总结

加强诚信建设的根本是把诚信落实到每个公民的生活中，贯穿践行社会主义核心价值观的过程中。加强诚信建设是一个漫长而艰苦的过程，不可能一蹴而就。我们要持之以恒加强诚信建设，切实强化每一个公民的诚信观念，最大限度地增强每一个公民的诚信意识，营造人人讲诚信的良好社会风尚。

税收诚信是社会主义市场经济的客观需要，是全面推进依法治税的内在要求；既是公民的法定义务，又是遵守公民道德规范的具体体现。

学生通过学习，不仅要掌握好税收原理中的税制要素相关内容，清醒认识税收违法行为的后果，而且要了解税收诚信在税收征管过程中的重要地位，把握诚信对做人做事的重要性，树立正确的世界观、人生观和价值观。

七、实施成效

本案例教学明确了课程的价值目标，提高了育人效果。教师通过对偷逃税案真实事件的回顾和材料阅读，解决了理论知识的单调性问题；通过理论与实践、讲授与讨论相结合，激发了学生的学习兴趣，做到授课不说教、不枯燥，进一步塑造了学生的诚信价值观。

教师通过课堂前测、后测、课前阅读、课堂参与式学习，提高了课程的挑战度，较好地满足了不同层次学生的学习需求。课堂教学注重满足一般水平学生对知识点的掌握需求，思想碰撞与课后思考则提高了学习难度，较好地满足了部分学生对高难度、高质量学习的需求。

教师从知识、能力与育人三大目标出发，组织课前预习、课堂参与和课后复习，同步实现价值塑造、能力培养、知识传授三位一体的教学目标。案例以真实材料为基础，拉近了学生与课程知识的距离，提高了学生课堂参与度。学生从税收遵从对企业和个人的正反面影响中深刻地把握了税收诚信与做人诚信的重要性。

参考文献

[1]《公共财政概论》编写组. 公共财政概论［M］. 北京：高等教育出版社，2019.

[2] 马骁，周克清. 财政学［M］. 5版. 北京：高等教育出版社，2022.

[3] 蔡昌. 税收诚信的理论基石与现实根基 [J]. 财会学习，2015（10）：39-42.

[4] 张慧英. 我国税收诚信机制的构建研究 [D]. 成都：西南财经大学，2007.

[5] 任鸿章. 浅论税收诚信 [J]. 新世纪领导者，2008（12）：32-33.

[6] 广东省广强律师事务所. 同样逃税为何刘晓庆入看守所一年 范冰冰只被罚款？[EB/OL].（2018-10-03）[2023-10-10]. http://finance.sina.com.cn/fawen/yx/2018-10-03/doc-ifxeuwws0709666.shtml.

[7] 佚名. 毛阿敏偷税案过去20年了 她为何在同一个地方跌倒两次？[EB/OL].（2018-09-29）[2023-10-10]. https://www.sohu.com/a/256903445_827027.

[8] 佚名. 范冰冰偷税漏税事件回顾 [EB/OL].（2018-10-07）[2023-10-10]. https://www.williamlong.info/archives/5484.html.

税收法治：从税收法定开始

周克清

一、知识要点

理解概念：税收制度、税收法治、税收法定。

掌握理论：我国税收制度的变迁、税收法治化及法定化历程。

二、教学目标

（一）能力培养

系统思维能力：学生通过阅读材料，提炼税制改革相关知识点；教师通过对材料的分析讲解，帮助学生系统了解相关知识，引导学生培养分析问题的能力。

实践判断能力：根据案例材料，学生能就税收立法、执法领域的法治情况进行初步判断，善于运用适当的理论知识，就提高我国税收法治程度提出合理的政策建议。

批判思维能力：教师通过讲解基本知识点与案例材料，帮助学生理解税收法治在国家治理现代化进程中的重要作用，分析我国税收法定的进程及效果。

（二）价值塑造

形成专业意识：学生通过案例学习和相关专业知识学习，能够正确认识和理解我国税收法治化的现实格局。

增强前沿意识：教师通过案例教学，拓宽学生视野，使学生理解中国税收制度改革进程，把握税收法治化进程不断加快的现实，培养学生养成关注国家税收制度及政策和热点问题的学习习惯。

增强社会责任感：教师通过案例教学，引入社会主义核心价值观中的法治元素，帮助学生了解我国税收法治化面临的困难与相关症结，强化税收法定、依法治税和依法办事的理念。

三、教学重点与难点

（一）教学重点

理解中国税收制度的演进历程。教师引导学生从中华人民共和国成立以来的税收制度演进分析税收制度如何适应中国社会主义现代化建设的需要，如何适应国家治理现代化的需要，如何适应社会主要矛盾变迁的需要。

（二）教学难点

理解税收法治化进程。教师结合国家治理现代化的需要，讲解税收法治化在国家社会经济发展中的必要性以及我国税收法治化与税收法定的新进展。

四、课程思政案例介绍

（一）案例的支撑材料

2020 年 8 月，《中华人民共和国契税法》《中华人民共和国城市维护建设税法》获十三届全国人大常委会第二十一次会议表决通过。截至 2020 年 8 月底，我国 18 个税种中已有 11 个立法，除了契税和城市维护建设税外，还包括车辆购置税、车船税、船舶吨税、个人所得税、耕地占用税、环境保护税、企业所得税、烟叶税、资源税都已立法。

根据《中华人民共和国立法法》的规定，“税种的设立、税率的确定和税收征收管理等税收基本制度”只能制定法律。近年来，不断提速的税收法定进程究竟对推动我国经济社会发展发挥了怎样的作用呢？

税收法定除了将一些新的改革措施通过法律形式固定下来外，还从整体上提升了税收的稳定性和权威性。“现在大家所讲的‘税收法定’更多是指将国务院制定的暂行条例进一步提升为全国人大制定的法律，其法律级次、权威性、刚性都将进一步提升。”中央财经大学财政税务学院白彦锋教授表示，推动税收法定，对规范政府部门的征税行为、保护纳税人权利、优化税收营商环境都具有非常重要的意义。

北京国家会计学院财税政策与应用研究所李旭红教授认为，契税法和城市维护建设税法均由此前的暂行条例上升为法律，提高了立法层次，有利于未来地方税执行的刚性，对完善地方税体系建设具有重要意义。

据了解，契税法授权省（自治区、直辖市）可以对不同主体、不同地区、不同类型的住房权属转移确定差别税率。该规定体现了健全地方税体系改革的思路，赋予了地方一定的税政管理权限，有利于调动地方加强税政管理的积极性，因城施策促进房地产市场健康发展。

白彦锋教授表示："当然，'税收法定'绝不意味着'换个马甲'，更重要的是凝聚了广大纳税人共识，促进税法遵从，为广大纳税人创造公平公正的税收征管环境，促进我国经济不断高质量可持续发展。"

中国政法大学财税法研究中心施正文教授表示："税收法定有助于充分发挥税收在推进国家治理现代化和法治化中的关键作用。"税收法定原则又称税收法定主义，是指国家征税必须要有法律依据，没有法律依据不得要求公民纳税，这是规范税收征纳行为、保护纳税人权益、实现税收公平正义的制度保障。

施正文教授说："按照税收法定原则要求，现代税收制度在法源形式上必然以税收法律为主体。因此，当前完善税收制度最迫切的任务就是要加快税收立法步伐，有计划地将各税种条例上升为法律，特别是要在一些重要税收立法上取得进展。"

根据财政部发布的 2020 年立法工作安排，财政部计划在年内完成增值税法、消费税法、关税法的起草工作，及时上报国务院。相关专家认为，历经多次改革，我国已经基本建立了现代增值税制度，为增值税立法夯实了制度基础。目前，增值税相关改革措施已全部推出，立法条件成熟。2019 年 11 月 27 日，财政部、国家税务总局联合发布通知，将《中华人民共和国增值税法（征求意见稿）》向社会公开征求意见。

据了解，《中华人民共和国增值税法（征求意见稿）》按照深化税收制度改革、构建科学财税体制要求，以法律的形式巩固"营改增"及增值税改革成果，还为促进经济发展及培育新业态新模式预留了制度空间。同时，国家通过增值税立法，实现增值税对货物和服务的全覆盖，建立消费型增值税制度框架，促进产业转型升级，实现新旧动能接续转换。

根据 2019 年 12 月 3 日公布的《中华人民共和国消费税法（征求意见稿）》的规定，消费税法将延续消费税基本制度框架，保持制度稳定，并将已实施的消费税改革和政策调整的内容体现在草案中。此外，根据消费税调控特点，国务院被授权调整税率；根据消费税改革的需要，消费税法中设置衔接性条款。

（二）案例的思政元素

本案例的思政元素是以法治为核心的社会主义核心价值观。

法治是治国理政的基本方式，依法治国是社会主义民主政治的基本要求。法治通过法律制度体系建设来维护和保障公众的根本利益，是实现自由平等、公平正义的制度保证。党的二十大报告指出：“全面依法治国是国家治理的一场深刻革命，关系党执政兴国，关系人民幸福安康，关系党和国家长治久安。”

法治反映了人类社会法律制度成长与变迁的基本目标，体现了社会主体从事法治改革的价值理想。在当代中国，全面推进依法治国，加快建设社会主义法治国家，乃是当代中国现代化建设的一个历史性重大战略抉择，成为中国法律制度现代化进程的奋斗目标。依法治国是坚持和发展中国特色社会主义的本质要求与重要保障，是实现国家治理体系和治理能力现代化的必然要求，事关我们党执政兴国、事关人民幸福安康、事关党和国家长治久安。全面建成小康社会，实现中华民族伟大复兴的中国梦，全面深化改革、完善和发展中国特色社会主义制度，提高党的执政能力和执政水平，必须全面推进依法治国。很显然，法治集中体现了中国特色社会主义的核心价值追求。

法治既是社会主义核心价值观的基本要素，又是社会主义核心价值观的实现载体，还是社会主义核心价值观的保障机制。法治蕴涵着丰富的价值内涵，具有鲜明的社会价值属性，集中表现了个人与社会之间的关系问题。

五、教学方法

（一）比较分析法

本案例教学采用比较分析法，对税收制度演进过程各阶段的社会经济条件进行比较，分析税收制度改革的必要性；比较世界各国税收法治化阶段的社会经济需要，分析我国税收法治化的必然性。

（二）讨论分析法

党的十八届三中全会以来，我国不断加快税收法治化进程。教师鼓励学生讨论如何从税收制度及相关要素的法定开始，实现税收法治化。教师引导学生分析我国房地产税的开征所需要具备的税收法定及法治化条件。

六、教学实施过程

（一）案例准备

在课前，学生预习中国税收制度的演进历程，特别是改革开放以来我国税制改革与税收立法的历程。教师提前收集案例相关资料，深入挖掘其中的思政元素，形成案例文件。

（二）讨论与思考

教师通过讲解税收制度改革进程，结合税收立法与依法治国带来的社会变化，导入案例并进行简单的说明后提出思考问题，鼓励学生小组分析讨论后在课堂上分享心得。主要问题包括：

（1）结合案例，请分析税收法定的概念及在我国的进展情况。

（2）结合案例，谈谈如何提升我国税收领域的法治程度？

（3）结合社会主义核心价值观中的法治内容，谈谈如何依法治国？

（三）分析思路

（1）结合案例，请分析税收法定的概念及在我国的进展情况。

参考答案：

税收法定原则是指由立法者决定全部税收问题的税法基本原则，即如果没有相应法律作前提，政府不能征税，公民也没有纳税的义务；征税主体必须依照且仅依照法律的规定征税；纳税主体必须依照且仅依照法律的规定纳税。税收法定原则是税法中一项十分重要的基本原则，肇始于英国，现已为当今各国所公认，其基本精神在各国宪法或税法中都有体现。其具体内容包括三个部分：税种法定、税收要素法定、程序法定。

《中华人民共和国立法法》第八条规定，税种的设立、税率的确定和税收征收管理等税收基本制度只能制定法律。换句话说，设立税种、确定税率和税收征税管理相关事项必须经由法律来确认。

所谓税种法定，是指经由立法来开征税种。改革开放以来，我国对原有税收体系进行了重构，特别是经过 1994 年税收制度改革，形成了基本适应社会主义市场经济体制的税收制度。但对于大部分税种而言，主要是国务院制定的单行税收条例。当时的税收法律仅限于《中华人民共和国个人所得税法》《中华人民共和国外商投资及外国企业所得税法》和《中华人民共和国税收征收管理法》等。进入 21 世纪以来，我国税收领域的立法进程开始加快。特别是党的十八届三中全会以来，我国相继对现行税收条例进行了立法升级处理。其中，2016 年通过《中华人民共和国环境保护税法》，2017 年通过《中华人民共和国烟叶税法》和《中华人民共和国船舶吨税法》，2018 年通过《中华人民共和国车辆购置税法》《中华人民共和国车船税法》和《中华人民共和国耕地占用税法》，2019 年通过《中华人民共和国资源税法》，2020 年通过《中华人民共和国契税法》和《中华人民共和国城市维护建设税法》，2021 年通过《中华人民共和国印花税法》。如果加上之前完成立法的《中华人民共和国个人所得税法》《中华人民共和国税收征收管理法》和《中华人民共和国企业所得税法》，我国现有 13 部税收法律。按照全国人大的立法规划，我国近期正在完成增值税法、消费税法、关税法的起草工作及征求意见。除此之外，我国还在加紧开展房地产税法及相关税法的立法工作。

所谓税制要素法定，是指税率等重要税制要素必须经由法律来规定。例如，《中华人民共和国立法法》就要求对税率的确定进行立法。税率反映了对纳税人征税的深度，具体表明纳税人的税收负担程度。特别是我国近年来对个人所得税法的税率及相关扣除的规定，实际上就明确指向了税制要素法定的内容。

所谓程序法定，是指税收征收管理的程序必须经由法律来规定。这也是我国比较早就制定《中华人民共和国税收征收管理法》的重要原因。

尽管我国已经在税收法定的征程上大步前进，但与社会主义法治的要求还有一定的距离。一是全部税种尚未通过立法程序立法，部分税种仍然是以税收条例的形式出现的。二是税制要素法定和程序法定还需要走很长的路。例如，无论是我国现行税法还是税收条例，都需要依靠“实施条例”来辅助执行。更进一步讲，财政部和国家税务总局每年都会对具体征税领域发布相应的规范性政策文件及指令。这些文件及指令支撑了我国具体的税收征管活动，表明我国税收法定的路还很长。

（2）结合案例，谈谈如何提升我国税收领域的法治程度？

参考答案：

在我国大力推进依法治国的背景下，我国税收领域的法治程度已经有了很大幅度的提升。但是，“罗马不是一天建成的”，税收法治也不可能在短时间内就达到很高的水平。提升税收领域的法治程度，一是要加强税法宣传，让普通民众明白税收是政府公共服务的对价，是享受公共服务必须承受的成本。二是要善于运用法治理念指导税收工作。税务部门要用法治程序规范税收执法，用法治方式解决涉税纠纷，用法治思维处理各方诉求，用法治素养检验干部队伍。税务部门要切实让法治观念深入每一位税务干部的内心，使每一位税务干部牢记“法律红线不可逾越，法律底线不可触碰”，坚守“法无授权不可为”的行政法治原则。三是要注重规范税收执法权。税务部门要推行税收执法权力清单制度，细化税收征管流程，强化税收执法程序规范，特别注重对诸如税收检查权、处罚权、审批权等重大税收执法权的制约监督，强化“公开”在税收执法中的地位，让权力在阳光下运行。换句话说，民众要依法纳税，政府要依法治税，税务部门要依法征税。只有社会经济运行的各个主体都严格遵守税法，税收领域的法治程度才能真正提高。

（3）结合社会主义核心价值观中的法治内容，谈谈如何依法治国？

参考答案：

《中共中央关于全面推进依法治国若干重大问题的决定》提出，我国要深入推进依法行政，加快建设法治政府。各级政府必须坚持在党的领导下，在法治轨道上开展工作，创新执法体制，完善执法程序，推进综合执法，严格执法责任，建立权责统一、权威高效的依法行政体制，加快建设职能科学、权责法定、执法严明、公开公正、廉洁高效、守法诚信的法治政府。

我国要保证公正司法，提高司法公信力。我国必须完善司法管理体制和司法权力运行机制，规范司法行为，加强对司法活动的监督，努力让人民群众在每一个司法案件中感受到公平正义。

我国要增强全民法治观念，推进法治社会建设。我国必须弘扬社会主义法治精神，建设社会主义法治文化，激发全社会厉行法治的积极性和主动性，形成守法光荣、违法可耻的社会氛围，使全体人民都成为社会主义法治的忠实崇尚者、自觉遵守者、坚定捍卫者。

我国要加强法治工作队伍建设。全面推进依法治国，必须大力提高法治工作队伍思想政治素质、业务工作能力、职业道德水准，着力建设一支忠于党、忠于国家、忠于人民、忠于法律的社会主义法治工作队伍，为加快建设社会主义法治国家提供强有力的组织和人才保障。

我国要加强和改进党对全面推进依法治国的领导。党的领导是全面推进依法治国、加快建设社会主义法治国家最根本的保证。我国必须加强和改进党对法治工作的领导，把党的领导贯彻到全面推进依法治国全过程。

七、实施成效

经过比较和讨论分析，学生对我国税收制度改革历程及税收法治化的方向有了深刻理解。学生普遍认识到，要实现全面深化改革、建立现代税收制度体系的目标，必须以税收法治为抓手，助推税收领域各主体（包括政府、税务部门、企业、居民）遵守税收法律法规，真正依法治税、依法征税和依法纳税。

参考文献

[1] 马骁，周克清. 财政学 [M]. 5 版. 北京：高等教育出版社，2022.

[2] 张守文. 税制变迁与税收法治现代化 [J]. 中国社会科学，2015（2）：80-102.

[3] 刘剑文. 税收法治：构建法治社会的突破口 [J]. 法学杂志，2003（3）：17-18.

[4] 张木生，涂龙力. 新形势下的税收法治体系建设 [J]. 税务研究，2015（2）：71-75.

[5] 佚名. 税收法定进程步入关键冲刺期：截至 8 月 18 个税种 11 个税种已立法 [EB/OL].（2020-08-22）[2023-10-10]. https://finance.sina.com.cn/china/gncj/2020-08-22/doc-iivhvpwy2367385.shtml.

财政监督：国家治理现代化的重要推进器

文峰

一、知识要点

理解概念：财政监督的含义，财政监督的主体、对象、目的、范围，财政监督的职能，财政监督体系。

掌握理论：财政监督在健全国家治理体系、提高国家治理效能中的地位和作用。

二、教学目标

（一）能力培养

系统思维能力：教师通过讲解财政监督在财政管理、国家治理中的地位和作用，帮助学生准确理解财政监督各子系统相关要素之间的相互关系及财政监督的系统性。

实践判断能力：教师通过案例分析，帮助学生将财政监督目标和规范运行机制用于观察、评价我国现行公共财政监督体制的运行，发现存在的问题和不足，提出具有针对性、可行性的对策建议，完善我国财政监督的制度和机制，提升财政监督的效率。

批判思维能力：教师应帮助学生把握中华人民共和国成立以来我国财政监督演变的主要阶段、取得的主要成绩、存在的主要问题，借鉴主要发达国家公共财政监督中的成功做法，以创新的思维，从新时代中国特色社会主义发展新阶段的政治、经济、社会需求出发，提出进一步健全监督体制、完善监督机制、提升我国财政监督效能的建议。

（二）价值塑造

形成专业意识：教师帮助学生理解加强财政监督是健全、完善国家治理体系的内在要求，是提升国家治理效能的必然要求。

增强前沿意识：教师帮助学生剖析财政监督强化财政资金“取之于民，用之于民”的含义，深入理解财政监督是服务于“为民理财”的必然要求，深刻认识加强财政监督是健全全过程人民民主机制的重要举措，是贯彻人民至上执政理念的必然要求。

增强社会责任感：财政监督作用的发挥，需要财政监督体系相关主体的积极参与。公民既是财政资金的提供者、财政资金使用的受益者，也是财政资金使用的监督者。教师帮助学生全面了解财政监督机制运行规范、要求和过程，理解利用合法渠道积极参与财政监督既是公民的责任、权利，又是公民的义务。

三、教学重点与难点

（一）教学重点

财政资金来自全体人民并服务于全体人民。确保公共资金合法、规范、高效使用是公共财政管理的内在要求。财政监督是确保财政资金合法、规范、高效使用的重要机制和制度安排。

财政监督的目的、主体、对象、范围和方法是财政监督的主要要素，它们相互联系、相互依存，共同构成一个有机整体，服务于社会公共利益最大化的目标。

（二）教学难点

财政监督是国家治理现代化的重要推进器，财政监督机制的健全程度和监督效果直接关系到国家治理现代化的成败。财政监督效果取决于财政监督运行机制的效率，财政监督运行机制受到财政监督相关制度安排的约束。

财政监督是体现以人民为中心的执政理念的重要组成部分，财政监督机制直接关系到作为执政党的中国共产党在全国人民心目中的威信和权威，是中国特色国家治理机制和治理体系的重要组成部分。

四、课程思政案例介绍

（一）案例的支撑材料

财政监督是公共财政管理的重要组成部分。加强财政监督是健全公共财政运行机制，防止财政资金使用中的腐败、浪费，规范财政资金使用，提高财政资金使用效率的重要机制。伴随着现代财政制度的建立，我国公共财政运行机制不断健全和完善。在地方财政运行中，各级地方政府积极贯彻中央关于财政监督的相关精神，紧密结合地方财政运行实际，充分发动群众，积极探索，产生了一些具有地方特色的、行之有效的财政监督新举措，对健全和完善财政监督机制、提高公共财政管理水平具有十分重要的作用。甘肃省财政监督的工作实践就是其中的一个典型。

甘肃省财政监督系统紧紧围绕党中央和财政部统一部署的财政中心工作，切实提高政治站位，牢记初心使命，强化责任担当，认真履行职责，推动财政监督工作深入有效开展。按照财政部等国家七部委和甘肃省委、省政府的部署要求，2019 年 4~9 月，甘肃大力开展“一卡通”专项治理工作，取得了显著成效。在开展“一卡通”专项治理工作中，甘肃省财政厅重点开展了以下四项工作：

一是坚持高站位，精心谋划部署。甘肃省委相关部门高度重视财政部等国家部委和甘肃省委的工作部署，由甘肃省纪委监委牵头抓总，甘肃省财政厅组织实施，16 个省级主管部门协调配合，市（州）、县（市、区）、乡镇负责具体组织实施工作，形成全方位、宽领域、多层次合力推进“一卡通”专项治理的工作格局。甘肃省梳理出“一卡通”管理运行中存在的 4 大类、47 项具体问题，列出中央和省级 7 类、34 项，市（县）级 10 类、144 项补贴项目清单，明确治理重点，找准治理靶向。甘肃省委、省政府印发《关于开展惠民惠农财政补贴资金“一卡通”管理问题专项治理工作方案》，省级财政部门制订印发总体实施方案，各市（州）、省直相关部门制订具体实施方案，省级相关部门进行专题培训。

二是坚持全覆盖，合力压茬推进。甘肃省按照“堵塞漏洞、规范管理、便利群众、防治腐败”和“村不漏户、户不漏人、人不漏项、项无差错”的要求，督促指导乡镇采取“一户一表、逐户采集、当面核实”的方式，盯住“卡”“钱”“人”“责”四个重点，逐项逐笔、逐人逐卡开展“四清四查”，做到了地区、资金、项目、管理部门和受益主体全覆盖。共清查 14 个市（州）和兰州新区、86 个县（市、区）494 万户、1 744 万人。同时，甘肃省纪委监委和甘肃省财政厅先后两次深入 14 个市（州）和兰州新区、38 个县（区）、46 个乡镇、51 个村组进行实地调研督导。甘肃省整合省、市、县三级审计部门400余人，采取“上审下”和“交叉审”的方式，对50个县（区）2018年惠民惠农财政补贴资金“一卡通”管理使用情况进行专项审计调查。通过甘肃省扶贫（民生）领域监督信息系统查询、数据比对、后台分析，快速锁定异常信息，精准发现问题，前移监督关口。

三是坚持严整改，确保问题清零。甘肃省本着抓重点、补短板、强弱项的要求，压实整改责任、明确整改任务，对自查自纠阶段发现的问题，坚持边查边改、自行整改；对全面检查阶段发现的问题，进行督促跟进、限时整改；对重点抽查阶段发现的问题，实行书面反馈、签字认领。同时，甘肃省建立问题总台账，全程跟踪督促，逐一对账销号，确保问题全部清零见底。

四是坚持机制建设，注重源头治理。针对问题整改中的“关键”、政策配套中的“空白”、制度衔接中的“空档”、监督管理中的“盲区”，甘肃省全面梳理、汇总、分析、治理发现的问题，制订《甘肃省惠民惠农财政补贴资金“一卡通”管理问题专项治理省级整改任务和长效机制建设工作方案》，细化梳理出24个问题，明确16个责任部门，提出72条整改措施，既注重具体问题整改，又注重完善政策规定，更注重建立长效机制。甘肃省财政厅督促各级、各部门认真抓好自查自纠、全面检查、重点抽查和专项审计发现问题整改，动态跟踪整改落实情况，特别是着眼长远优化完善政策，研究草拟进一步加强惠民惠农财政补贴“一卡通”管理的政策性文件，确保惠民惠农财政补贴资金及时、安全、足额落实到人到户，让“一卡通”真正成为群众的“明白卡”和“幸福卡”。

（二）案例的思政元素

1. 坚持人民至上执政理念，深入贯彻群众路线

甘肃省各级政府深入理解以人民为中心的执政理念，深入贯彻党中央和财政部的指示，强化为民理财观念，以“一卡通”专项财政监督为抓手，建立、健全、落实财政监督机制，建立符合现代财政制度要求的财政监督机制。在推进“一卡通”专项财政监督中，甘肃省相关部门统筹规划，协调推进，从群众利益出发，充分依靠群众、发动群众，贯彻党长期形成的群众路线原则，工作取得了显著成绩。党的群众路线的核心在于坚持一切为了群众，一切相信群众，一切依靠群众，从群众中来，到群众中去。坚决把人民群众的利益作为党和政府工作的出发点与目标是中国共产党领导下的各级政府执政所一贯秉持的理念。一切为了群众是所有工作的出发点，相信群众，

依靠群众，从群众中来，到群众中去是工作方法。只有以服务群众为宗旨，相信群众，从群众的根本利益出发，党和政府的工作才能得到群众的理解和支持，才能充分调动群众参与的热情、积极性、创造性，才能取得实实在在的成效。只有从服务于群众根本利益的高度出发，各级政府的工作才具有神圣感和使命感，才有强大的动力做好各项工作，高效率地履行政府相关职责。

2. 以系统论为指导，既统筹全局，又突出重点

财政监督涉及不同的监督主体、不同的监督方式、不同的监督对象，工作千头万绪，只有厘清财政监督的责任主体、明确监督对象、落实监督形式、强化监督责任，才能使财政监督真正有效展开并取得实质性成效。甘肃省财政厅根据财政部等的要求，从财政监督的全局着眼，健全机制，狠抓重点，落实责任，全面推进各项财政监督工作，确保了财政监督工作的顺利开展并取得明显成效。新时代财政监督要着力于建立符合时代要求的财政监督法律体系，为财政监督提供法律保障；同时，强化财政监督主体的使命感、责任意识，激发监督主体监督的积极性、主动性和创造性。

3. 坚持具体问题具体分析、一切从实际出发的工作方法

财政监督是公共财政管理的重要内容，财政监督目的、监督主体、监督客体、监督手段等是所有财政监督都具有的一般性要素。对于我国这样一个超大规模的国家来说，各级地方政府、不同类型的行政事业单位和社会团体的财政资金使用情况不完全相同，不同财政资金具体运作的流程也千差万别，这就要求财政监督一方面要遵循财政监督的基本原则，又必须针对不同对象、不同形式的财政资金运行中存在的具体问题具体分析，制定差别性、针对性的监督制度，采取相应的监督措施。因此，财政监督一方面要遵循财政监督的一般规律，全面贯彻执行中央财政监督的政策和制度，在完善财政监督中推进现代财政制度建设。另一方面，财政监督要紧密结合各级地方政府、各类行政事业单位和社会团体的具体情况，坚持实事求是，一切从实际出发，具体问题具体分析，建立符合财政监督具体情境的监督机制和监督制度。

五、教学方法

本案例服务于财政监督教学内容的课程思政教学目标，目的在于让学生

通过本案例的学习、分析，了解财政监督在公共财政管理中所处的地位和所起的作用。本案例的教学主要采用讲授与讨论相结合的方法。

教师通过本案例教学，引导学生深入学习，挖掘、领会其中的思政元素，并通过课堂讨论、辩论的方式，提高对财政监督中思政元素的认知，并在潜移默化中强化群众路线的哲学思维，强化理论联系实际、一切从实际出发的认识，形成用系统观分析、解决问题的思维。

课堂讨论与争论既是学生呈现思想、观点的重要方式，也是对相关认识、观点进行比较、鉴别、深化和强化的重要途径。通过对案例中思政元素的提炼、归纳、陈述和辩论，在相互启发中进一步强化其中的思政元素，达到课程思政育人的目的。

六、教学实施过程

（一）思考与讨论

教师在讲解基本知识点和案例主要内容后，提出相关问题供学生讨论，并要求学生进行课堂汇报。主要问题包括：

（1）结合案例，谈谈案例中主要涉及的财政监督主体、财政监督方式。

（2）结合案例，谈谈在新时代如何进一步完善财政监督？

（二）分析思路

1. 结合案例，谈谈案例中主要涉及的财政监督主体、财政监督方式。

参考答案：

财政监督是指财政监督机构对财政资金运动全过程的安全性、规范性和有效性进行的检查、调查、督促和反馈等行为的总称。财政监督是确保财政资金的筹集、分配和使用符合财政相关法律法规，达到提高财政资金使用效率、促进社会公平的一套机制。

财政监督主体主要包括立法机构、政府部门、社会团体、媒体等。案例中涉及甘肃省参与“一卡通”治理的财政监督主体包括审计署驻兰州特派办、甘肃省纪委监委以及司法部门和财政部门等。纪委监委监督是指各级纪委监委对财政资金运动的监督。司法监督是指国家司法机关对财政资金运动过程的监督。财政部门监督是指财政部门内设机构对财政资金运动的监督。甘肃省财政厅积极配合审计署驻兰州特派办、财政部甘肃监管局、甘肃省纪委监委等开展督查检查，全面履行了财政部门监督的职责。

财政监督方式一般包括日常监督、专项监督、个案监督，也可以根据监督主体与对象不同，分为内部监督与外部监督，或者分为事前监督、事中监督和事后监督。案例中主要涉及的财政监督方式为联合监督、专项检查。案例中，甘肃省财政厅按照财政部统一部署和财政监督检查考核计划要求，以省、市、县联动方式，围绕国家重大决策部署和政策措施落地见效开展财政监督工作。在这次监督中，甘肃省财政厅对 50 个县（区）2018 年惠民惠农财政补贴资金“一卡通”管理使用情况进行了专项监督，及时发现监督中的问题并前移监督关口。

从案例反映的事实可以发现，甘肃省相关部门在部署开展“一卡通”的财政监督中既贯彻中央的文件要求，服从中央统一要求，又从甘肃省的实际出发，具体问题具体分析，采取了具有较强针对性的财政监督措施。

（2）结合案例，谈谈在新时代如何进一步完善财政监督？

参考答案：

首先，明确新时代完善财政监督的定位。财政监督的内容需要从重点关注财政资金的规范安全和财政政策的贯彻落实，拓展至财政的可持续、财政资金的使用绩效和财政政策设计的科学性等方面。财政监督的范围不能局限于财政业务本身，而要紧扣“五位一体”总体布局和“四个全面”战略布局，服务现代财政制度建设的目标。财政监督的视角也要从单纯着眼于财政视角，上升到国家治理范畴，所有涉及国家治理的利益关系调整，财政监督都要嵌入其中，积极发挥监督纠偏等作用。财政监督需要从建立人民放心、人民满意的政府和财政运行机制的角度增强各级政府部门、事业单位、社会团体和所有国家公职人员的公仆意识，切实增强其依法行政、依法理财的自觉性。

其次，新时代加强和改进财政监督工作必须坚持党的统一领导。财政监督要把贯彻落实党中央关于财经工作的方针政策和决策部署作为首要任务，坚决做到“两个维护”；要推进《中华人民共和国预算法》《中华人民共和国会计法》等重要财经法规的全面贯彻落实，建立健全财政和财务全过程、全覆盖、全方位的监督机制，增强监督的严肃性，提升权威性，突出有效性；要畅通与其他监督方式的有机贯通和协调配合，实现信息共享、成果共用、协同高效、形成合力，强化严肃财经纪律的源头治理，把权力关进制度的笼子，有效防控廉政风险。

最后，新时代完善财政监督需要放在深化财税体制改革、建立现代财政制度的大背景下展开。新时代加强改进财政监督工作，需要着力推动健全预算编制、执行、监督闭环管理体系，完善全面规范透明、标准科学、约束有力的预算制度；需要强化财政支出监督，推动完善行政决策、执行、监督相互制约和相互协调的权力运行机制。

七、实施成效

通过案例学习，学生能够在理解财政管理一般理论的基础上，结合甘肃省贯彻执行财政部对“一卡通”专项监督的情况领会案例中体现的思政元素。

财政监督是一个涉及多主体、全方位、全流程的系统工程，需要梳理和运用系统论的思想。财政监督具有一般的原理，具体的财政监督又需要具体问题具体分析，是在一般性指导下的针对具体财政监督事项的具体行为，是一般性与特殊性的统一。

财政监督是在为民理财中贯彻人民至上执政理念的必然要求。为民理财和人民参与监督财政资金运行是高度统一的，为民理财需要人民的参与和人民的监督。

参考文献

[1] 何振国. 贯彻落实党的十九届四中全会精神，强化新时代财政监督职能作用 [J]. 中国财政，2020（11）：58-60.

[2] 甘肃省财政厅. 提高站位，突出重点，深入推进新时期财政监督工作 [J]. 中国财政，2020（9）：20-21.

[3] 姚轩鸽. 财政监督与共同富裕：兼论初级阶段中国面临的挑战与对策 [J]. 财政监督，2023（4）：22-29.

[4] 晁毓欣，张廷松，黄见田，等. 财政监督绩效化转型研究：以山东省沂水县为例 [J]. 公共财政研究，2023（1）：54-68.

预算民主：中国参与式预算实践与启示

杨进

一、知识要点

理解概念：政府预算、预算监督、全过程人民民主。

掌握理论：政府预算的原则、中国政府预算管理制度改革的内容及成效。

二、教学目标

（一）能力培养

系统思维能力：学生通过阅读材料，掌握政府预算相关知识点，把握政府预算周期及预算制度改革的基本内容。

实践判断能力：根据案例材料，学生能运用适当的理论知识，对我国各地区的参与式预算基本做法形成正确的认识。

批判思维能力：通过课程教学，教师引导学生全面认识政府预算对实现国家全过程人民民主及国家治理现代化的重要作用。

（二）价值塑造

形成专业意识：教师引导学生通过学习参与式预算相关知识和案例材料，正确认识我国各地区的参与式预算基本做法。

增强前沿意识：教师引导学生把握各地参与式预算的基本模式，进一步扩大人民群众参与政府预算管理与监督的路径。

增强社会责任感：通过对参与式预算的认识，学生提高对我国人民代表大会制度的认识，提升对中国特色社会主义的道路自信、理论自信、制度自信、文化自信。

三、教学重点与难点

（一）教学重点

掌握政府预算的概念、原理和基本原则。其中，政府预算的原则要结合案例讲解参与式预算的公开性、法治性和年度性。

掌握中国政府预算管理制度改革的内容和成效。教师需要结合案例深入讲解以参与式预算为代表的预算监督体系改革。

（二）教学难点

教师结合案例引导学生讨论中国政府预算管理制度的改革方向，从全面规范透明、标准科学、约束有力、全面实施绩效管理四个方向进行分析。

教师结合案例引导学生讨论中国特色预算监督制度的优势，深入挖掘案例的思政元素，特别是从中国特色的预算监督体系（包括人大监督、审计监督和社会监督三个部分）及内涵进行分析。

四、课程思政案例介绍

（一）案例的支撑材料

2017 年，党的十九大报告提出“建立全面规范透明、标准科学、约束有力的预算制度”。2018 年，中共中央办公厅印发《关于人大预算审查监督重点向支出预算和政策拓展的指导意见》，要求每年在政府预算草案编制前，应当通过召开座谈会、通报会等多种形式，认真听取本级人大代表、专家智库等社会各界关于重点支出、重大投资项目、重大支出政策等方面的意见建议。2019 年，《中共中央关于坚持和完善中国特色社会主义制度推进国家治理体系和治理能力现代化若干重大问题的决定》中再次强调坚持社会主义协商民主的优势，丰富有事好商量、众人的事情由众人商量的制度化实践。2022 年，党的二十大报告提出“健全现代预算制度”。

各地人大作为地方国家权力机关，近年来在实践中不断探索如何提高地方政府预算的有效性。其中，参与式预算作为公民直接参与预算决策、进行预算执行全过程监督的一种公共预算创新模式，优化了政府治理的民主途径。在借鉴国际参与式预算经验的基础上，中国政府于 2005 年开始参与式预算改革，主要从遏制腐败和提高行政效能的角度出发，在权力制约、行政整合、扩大公民参与、维护政府合法性等多方面增强国家治理现代化的能力。

1. 浙江省温岭市：民主恳谈、激活人大①

自2005年至今，浙江省温岭市参与式预算已推行十余年，它最早产生于温岭市独创的基层直接民主形式——民主恳谈。温岭市的新河镇、泽国镇率先将民主恳谈的形式引入镇年度财政预算、城建基本项目审查，形成了对预算进行实质性审查监督的“参与式预算”模式，创造了温岭市参与式预算改革发展史上著名的“新河模式”和“泽国模式”。

新河镇最早将民主恳谈经验运用于年度财政预算。“新河模式”的做法和特色主要集中在三个方面：第一，会前初审。会前初审是由镇人大主席团提名并经人大预备会议选举人大财经小组，组织召开预算初审民主恳谈会。恳谈会汇总各方意见形成各自预算初审报告。第二，大会审议。人大代表与政府人员商谈预算报告，提出意见和建议，由政府修改预算方案并向大会通报。各代表团分组审议时，5名以上人大代表联名，可以依法提出预算修正案。大会最后对政府或代表提出的预算修正案进行表决通过。第三，会后监督。在镇人民代表大会闭会期间，财经小组作为常设机构对政府预算执行进行监督。预算执行过程中发生的预算调整提交财经小组进行备案。重大预算调整提交财经小组进行讨论，并经镇人民代表大会进行审议、票决，然后才能执行。

泽国镇借鉴“新河模式”，将预算民主恳谈与人大预算审议相结合。2023年1月14日召开的泽国镇第十八届人民代表大会第三次会议上，一场激辩，将决定镇财政资金投入和使用是否会发生变化。短短一个小时的时间里，话筒在近20名人大代表手中不停传递着。早在2023年1月10日召开的泽国镇财政预算民主恳谈会上，代表们就对预算编制情况进行了认真审议，针对部分执行率较低或者亟须增加预算提上流程的项目都在会后开展详细调研，以在人民代表大会上进一步合理规划决策。此次预算修正议案辩论，各个人大代表摩拳擦掌，据理力争，既辩项目预算参差，又论财政支出精准，为管好政府“钱袋子”出谋划策。

预算修正议案辩论是泽国镇人大探索和发扬参与式预算的一次生动实

① 浙江人大. 温岭泽国人大：预算修正、代表辩论，管好政府“钱袋子”［EB/OL］.（2023-02-14）［2023-10-10］. https://zj.zjol.com.cn/red_boat.html?id=101263492.

践。在不调整全年镇级财政总支出的前提下，人大代表自主提出修改预算的议案，持不同看法的人大代表可以在会上当场进行反驳，各位人大代表也会通过阐述自己的观点努力打动和争取其他参会人大代表对自己的支持和认同。镇人大主席团会将反映最集中的两组修正案提交票决，最终的结果也将会落在人大代表的票决票上，每一张票背后所蕴含的民意更是不言而喻。

截至 2023 年 1 月底，泽国镇人大推行预算修正案已有 15 年，在预算修正案表决前开展辩论也历经了 11 年。人大代表提出预算修正案并开展辩论和票决，是人大对预算审查从被动向主动转变、从程序性向实质性迈进的重要体现，使人大代表手中的预算审查权、修正权、决定权真正得以落实，更好地集中民意切好财政这块“蛋糕”，汇聚民智管好政府的“钱袋子”。

2. 上海市闵行区：预算听证会、预算修正案和绩效预算改革①

上海市闵行区自 2007 年开始大力推行公共预算改革，涵盖了预算编制、预评估、预审、执行监督、执行绩效评估的全过程。其中，最具创新性和最受人关注的内容包括预算细化、预算听证会、预算修正案和预算绩效改革。

闵行区人大常委会 2017 年预算初审听证会在闵行区政府机关举行，讨论审议闵行区 2017 年度的预算实施方案，由公众把关各项财政支出预算内容，确保把纳税人的钱用在刀刃上。本次听证会共设有 4 个专场，分别对应 4 个项目，来自各行各业的人大代表、社会公众 600 余人和 10 位专家学者参加听证会。

听证会希望通过老百姓的民主参与，广泛听取各方面的意见，夯实政府工作的民意基础，同时加强预算编制过程的公开、透明。一位与会人员告诉记者：“财政预算花的是老百姓缴纳的税金，公开听证会就是要创造条件让老百姓知道钱是怎么花的。”

闵行区已连续多年就财政预算项目举行公开听证会，让人大代表和社会公众真正发挥审查监督预算的作用，深化预算听证效果。与往届不同，2017 年的听证会的预算听证从项目听证延伸至区交通委一个单位整体预算草案的

---

① 佚名. 上海闵行：努力走向民主财政 [EB/OL].（2015-04-12）[2023-10-10]. http://www.npc.gov.cn/npc/c16115/201308/b2c67a4a76d14bcab7067c2c488a3a01.shtml.

佚名. 上海闵行区的公共预算改革 [EB/OL].（2014-03-25）[2023-10-10]. http://fdjpkc.fudan.edu.cn/d201407/2014/0325/c15988a31023/page.htm.

徐立群. 全民参与闵行预算听证会 把关“政府钱包”落到实处 [EB/OL].（2016-11-30）[2023-10-10]. http://gov.eastday.com/renda/dfzw/yc/mhq/u1ai6116561.html.

听证，涉及的项目更多更广、内容更加丰富，听证的难度也更大。同时，听证会强化了听证处理意见的督促检查，对听证结果报告中的分歧意见将提交至主任会议研究讨论，如仍不能达成一致意见，则提交常委会会议分项表决。最终听证结果报告将在常委会审议决定后，通过网站等渠道对市民公开。

3. 广东省佛山市顺德区：公众参与网络化①

2022 年，顺德区参与式预算工作推行了 10 年。2022 年度，顺德区参与式预算项目网络评议选取了 20 个民生项目，预算总额为 3.47 亿元，参与式面谈会则选取了社会公众关注度比较高的项目进行面谈，包括水环境质量保障和“四小园”建设奖补资金两个项目。

顺德区财政局监督与绩效科工作人员表示：“希望专家能够与预算单位之间深入交流，提出意见和建议，让预算资金用得更好、用得更有效果。”

顺德区农业农村局乡村建设科工作人员介绍，针对农村“三清三拆三整治”容易死灰复燃、环境整治资金来源单一等问题，顺德区将“四小园”（小菜园、小花园、小果园、小公园）建设作为切入点，通过拆、建、管多措并举，盘活土地。2022 年，顺德区计划建设 2 000 个四小园，投入约 1 000 万元，计划于 2022 年 10 月底之前完成支付。根据 2021 年“四小园”拨付测算，平均一个“四小园”奖补资金为 5 300 元，按建设 2 000 个“四小园”任务目标，实际所需金额约 1 060 万元，对于申请不足部分将在 2023 年解决。该工作人员还分享了勒流街道黄连社区、乐从镇大墩村、陈村镇绀现村等优秀案例，全面具体介绍项目实施方案和预期效果。

4. 海南省海口市美兰区：“二上二下”、全民参与②

美兰区参与式预算采取“二上二下”的互动协商。“一上”是居民向社区居委会和街道办事处提议，“一下”是筛选大会由居民决定实施项目，“二上”是街道办事处整合提案并确定预算配额，“二下”是居民投票决定项目。总而言之，“政府定政府做”转变为“群众定政府做”，民生实事坚持“众人的事由众人商量”，结合了广纳民意与政府优势。该参与式预算是全民提议、全民参与的，因此提议人是辖区内生活或居住的所有市民群众，

① 佚名. 民生预算执行如何更有效？顺德各界代表齐建言［EB/OL］.（2022-01-24）［2023-10-10］. https://www.sohu.com/a/518829020_121124374.

② 王聘钊. 海口美兰区将投入 4 亿余元开展“百姓微实事”工作［EB/OL］.（2021-08-31）［2023-10-10］. https://www.hi.chinanews.com.cn/zt/14/2021/0831/88588.html.

政府机构和社会组织的身份不具备提议资格。在投票身份上，美兰区参与式预算不做户籍要求；在投票年龄上，美兰区参与式预算放宽到15周岁。

2021年，美兰区统筹各职能部门为民办实事事项预算资金，计划投入财政资金4.3亿元用于开展“百姓微实事”工作。大会由新埠街道分管领导和新东社区负责人汇报前一阶段“全民提议”的主要成果，并回答居民的现场提问，然后由现场居民以分组“圆桌会议”的方式，对前一阶段提议进行细化讨论，以贴“笑脸贴”的形式进行“预投票”，为所有项目进行优先排序，为预算金额限制项目做准备，以确定印在即将进行的“全民投票”的选票上的项目。现场居民讨论热烈，并在“预投票”环节为他们中意的项目投上宝贵的一票。

2016年12月，美兰区在全国率先开展了“完整版”参与式预算改革，旨在进一步下放部分公共预算事项的提议权和决策权，问计于民、问需于民，真正实现“百姓定实事政府做”，实现“政府配菜”向“百姓点菜”转变、“为民作主”向“由民作主”转变、“单元供给”向“多元参与”转变三个根本性转变，促进社会治理体系和治理能力现代化。美兰区以“微实事”促进社区参与式预算的改革，于2019年12月被海南省政府深改办（自贸办）列为海南省第六批社会治理类制度创新典型案例。

自2021年6月20日召开“百姓微实事”动员会暨培训会以来，各镇（街）经过前期宣传发动、项目提议征集，累计发放项目提议表70 601份，回收41 101份，收集到30 501条提议。

（二）案例的思政元素

1. 中国特色的预算民主制度

人民当家作主是我国社会主义民主政治的本质特征。人民代表大会制度作为保障人民当家作主的根本政治制度，也是支撑我国国家治理体系和治理能力的根本政治制度。我国不断探索预算民主制度，形成了富有中国特色的预算民主制度，即参与式预算制度。

参与式预算通过预算过程的参与、对话和协商，使政府更为透明，对公民更为负责。公民参与决策和分配过程以及信息的公开，使民众有机会控制和监督公共资金的使用，并制约行政官员的行为，从而使政府行为更为公开透明、政府公共支出效益更高、政府工作效率更高。

2. 一切权利属于人民，人民监督政府

我国是人民民主专政的社会主义国家，人民民主制度要求一切权利属于全体人民，并且是完整地、不可分割地属于人民。人民的政府应该接受群众的民主监督，也包括在网上广泛听取意见。只有人民监督政府，政府才不会懈怠；只有人人负起责来，各项事业才能顺利发展。

参与式预算是依法执政价值追求的体现，倡导个人依照宪法和法律所确立的人民监督权，依法、有序和全方位地参与行政的全过程。参与使民众会从纯粹的旁观者变成积极的参与者、支持者和倡导者，通过参与决策而实现社会公正。

五、教学方法

本案例教学采用教师讲授与学生讨论相结合的教学方法。首先，教师初步讲授政府预算的相关知识，帮助学生初步了解政府预算的概念、原理和基本原则；了解近期我国预算制度改革的相关政策文件，包括新《中华人民共和国预算法》《关于人大预算审查监督重点向支出预算和政策拓展的指导意见》等文件。其次，教师引入本案例，引导学生通过分析各地参与式预算改革实践挖掘案例的思政元素。学生结合案例进行分组讨论，汇报讨论结果。最后，教师对本案例进行总结归纳。教师要注重引导学生对中国特色社会主义的人民代表大会制度和预算监督制度的认识，提升学生对中国特色社会主义的道路自信、理论自信、制度自信、文化自信。

六、教学实施过程

（一）讨论与思考

教师通过讲解政府预算基本知识点和案例核心思想，提出以下问题供学生讨论，并要求学生进行课堂汇报：

（1）结合案例，谈谈中国政府预算管理体制的改革方向。

（2）结合案例，谈谈中国特色预算监督制度的优势。

（二）分析思路

（1）结合案例，谈谈中国政府预算管理体制的改革方向。

参考答案：

中国政府预算管理体制的改革方向主要包括四个方面，即全面规范透明、标准科学、约束有力和全面实施绩效管理。

第一，全面规范透明。一是中国政府预算管理推进全口径政府预算管理，全面反映政府收支总量、结构和管理活动。二是中国政府预算管理深入实施中期财政规划管理，提高中期财政规划的科学性，发挥对年度预算编制的指导作用。三是中国政府预算管理不断拓宽预算公开的内容和范围，坚持以公开为常态、不公开为例外，完善预算公开的方式方法，加强预算决算公开情况检查，全面提高预算透明度，强化社会监督。

第二，标准科学。中国政府预算管理遵循财政预算编制的基本规律，根据经济社会发展目标、国家宏观调控要求和行业发展需要等因素，明确重点支出预算安排的基本规范。

第三，约束有力。中国政府预算管理严格落实预算法，切实硬化预算约束；坚持先预算后支出，年度预算严格执行人民代表大会批准的预算，严控预算调整和调剂事项，强化预算单位的主体责任。

第四，全面实施绩效管理。中国政府预算管理紧紧围绕提升财政资金使用效益，将绩效理念和方法深度融入预算编制、执行和监督的全过程，注重成本效益分析，关注支出结果和政策目标实现程度。

（2）结合案例，谈谈中国特色预算监督制度的优势。

参考答案：

通过不断健全民主制度、丰富民主形式、拓宽民主渠道，人民不仅享有民主选举的权利，还享有民主协商、民主决策、民主管理、民主监督的权利，在日常政治生活中享有广泛持续深入参与的权利。我国社会主义民主的制度和程序不断完善，人民群众参与国家治理、社会治理的制度化渠道越来越丰富。参与式预算通过预算过程的参与、对话和协商，使政府更为透明，对公民更为负责。公民参与决策和分配过程以及信息的公开，使民众有机会控制和监督公共资金的使用，并制约行政官员的行为，从而使政府行为更为公开透明、政府公共支出效益更高、政府工作效率更高。

中国特色的预算监督体系包括人大监督、审计监督和社会监督三个部分。其中，人大对政府的监督是在党的领导下，代表国家和人民进行的具有法律效力的监督，体现了国家一切权利属于人民的宪法原则，是中国特色社会主义预算管理监督体系的基础。《中华人民共和国宪法》《中华人民共和国预算法》和《中华人民共和国各级人民代表大会常务委员会监督法》等法律赋予全国人大及常委会、地方各级人大及常委会预算审查监督权，对预算全过程进行立法规范和监督。审计监督是加强人大预算监督职能和强化落实政府责任的重要途径。听取和审议政府预算执行审计是人大监督政府预算的重要方式和有力手段，政府向人大提交的审计工作报告是人大评价政府预算执行工作的一个重要依据。社会监督是指公民、社会中介组织、社会舆论等实施的预算监督，属于体制外的监督，是权利对权力的监督，共同构成了政府预算监督的网络体系。在本案例中，我国基层政府积极吸纳社会公众参与到预算编制过程中，自觉接受社会监督。参与式预算体现了人大监督和社会监督的有机结合。

七、实施成效

（一）知识层面

教师帮助学生通过对中国各地参与式预算改革实践的分析，深入理解政府预算的概念、政府预算的原则、政府预算的过程和我国政府预算的组成体系；了解中国政府预算管理制度改革的内容和成效、中国政府预算管理制度改革的方向和要求。

（二）育人层面

本案例教学通过对中国各地参与式预算改革的进程和实践的分析，显示了中国特色社会主义预算民主制度的优势，凸显了党的领导是人民当家作主的根本保证，进一步增强学生对中国特色社会主义的道路自信、理论自信、制度自信、文化自信。

参考文献

[1] 习近平. 高举中国特色社会主义伟大旗帜 为全面建设社会主义现代化国家而团结奋斗——在中国共产党第二十次全国代表大会上的报告［M］北京：人民出版社，2022.

[2] 习近平. 习近平谈治国理政：第一卷［M］. 北京：外文出版社，2014.

[3]《公共财政概论》编写组. 公共财政概论［M］. 北京：高等教育出版社，2019.

跨区域公共产品提供：谁的责任？

杨进

一、知识要点

概念理解：政府间关系、区域性协调发展。

掌握理论：政府间支出责任划分理论、公共产品受益范围与提供机制。

二、教学目标

（一）能力培养

系统思维能力：学生通过阅读材料，提炼政府间关系相关知识点；教师通过对材料的分析讲解，帮助学生系统理解相关知识，引导学生培养分析问题的能力。

实践判断能力：根据案例材料，学生能运用适当的理论知识，对我国各种类型的跨区域公共产品供给及支出责任划分提出合理的解决方案。

批判思维能力：通过课程学习，学生全面认识财政支出责任的划分机制，把握跨区域公共产品的支出责任划分原则。

（二）价值塑造

形成专业意识：学生通过学习政府间财政关系相关知识和案例材料，正确认识我国各种类型的跨区域公共产品和服务。

增强前沿意识：学生通过学习，把握在实现共同富裕和协同发展的背景下，高层级政府如何协调区域间地方政府合作供给跨区域公共产品与服务。

增强社会责任感：教师通过提升学生对跨区域政府间协调机制的认识，使学生深刻理解中国区域间分工协作与统筹治理的制度优势。

三、教学重点与难点

（一）教学重点

政府间财政关系与支出责任划分原则、区域协调发展。

（二）教学难点

教师结合案例引导学生讨论政府间支出责任划分的原则。其中，跨地区公共物品需要由高一级政府协调提供。教师结合案例，引导学生讨论中国政府间分权和公共产品协调提供的优势，深入挖掘案例的思政元素。教师引导学生从中国政治上的集中统一领导、地区间的合作和互助两个方面进行分析。

四、课程思政案例介绍

（一）案例的支撑材料

全球化、工业化、信息化与区域一体化的快速推进，促进了地方经济的快速发展，也带来了诸如环境保护、公共危机、基础设施建设等一系列跨行政区域的公共问题。与日俱增的跨层级、跨部门、跨地域的公共事务及随之而来的外溢性和复杂性，大大超出了单一地方政府的治理能力。那么，这些跨区域的公共产品到底由哪一级政府来提供呢？或者说到底是哪级政府的责任呢？2018 年，《中共中央 国务院关于建立更加有效的区域协调发展新机制的意见》中明确指出，建立健全区域政策与其他宏观调控政策联动机制，加大对跨区域交通、水利、生态环境保护、民生等重大工程项目的支持力度。2022 年，党的二十大报告进一步提出“促进区域协调发展”的重要战略。显然，由高层级政府抓总，区域联动，提供跨区域公共产品可能是最有效的选择。

1. 跨界流域治理问题

跨界河流往往是水环境治理的“老大难”问题。一条河流途经不同行政辖区，往往因各自为政、各自施策，难成合力，治理难有成效。湖南水府庙水库走出了一条跨区域治理的新路子。

水府庙水库跨湘潭市湘乡市和娄底市娄星区、双峰县三县（市、区），是湖南省“两型”社会建设的重要功能区，也是湖南省重要生态系统保护和修复重大工程。该水库对维护长株潭地区、湘中地区的生态平衡发挥着至关重要的作用。自2007年长株潭城市群获批全国资源节约型和环境友好型社会建设综合配套改革试验区以来，水府庙水库便承载了跨界流域综合治理的改革示范重任。其改革措施具体包括：第一，省地联动，完善顶层设计。湖南省环保厅等省直单位多次通过直接现场办公或者文件批复的形式指导水府庙流域综合治理与建设工作，库区通过省人大代表提案形式与环保厅等省级单位就区域发展积极互动，省地之间构建了上下联动工作机制。在此基础上，《水府庙水库生态环境保护实施方案（2012—2015）》《湘潭水府示范区总体规划（2012—2030）》《水府庙水库流域保护与利用规划（2011—2030）设计任务书》等一系列规划与行动方案得以出台，完善了顶层设计。第二，市市携手，统一步调行动。围绕水府庙库区环境保护、水体质量改善、生态恢复，湘潭市、娄底市两市政府建立了由两市市长担任总召集人的定期联席会议制度，签订了《共同保护水府庙行动宣言》，建立了破除行政区划壁垒、跨区域会商协调、联防联控联治、合力争创跨区域省级生态示范区四项共同保护与开发的工作机制，构建了“同库同策”管理格局，形成了共同管理、互相监督的管理模式，实现共建共护共享共赢。第三，市县共管，落实主体责任。湘潭市与湘乡市围绕水府庙水库和国家湿地公园建设，全面推行“河长制”，建立了完善的内部协作机制；完成库区内河、库、渠、塘登记造册，市级、乡镇领导和行政村书记担任河长、库长、渠长、塘长，明确责任范围，细化管理制度，落实建设措施，统筹推进了水府庙库区的保护与治理。

水府庙水库跨地区流域综合治理对地方经济的发展也起到了促进作用，其境内的棋梓镇、毛田镇人均收入增加到1万元/年，特别是位于水库核心区的居民，通过在生态度假酒店和生态休闲旅游公司务工并开展土特产经营，周边劳动力年收入达到每户20万~30万元。2016年，通过水库流域生态环境保护与治理，仅水府庙的游客就增加了10万人，同比增长20%；门票及附属收入增加2 000多万元，旅游综合收入同比增长20%；77.6%的自驾游客将水府旅游冠上了“家庭户外观光休闲度假首选地”的荣誉①。

2. 跨地区空气质量治理问题

与跨界流域治理难题相似，跨地区空气质量治理长期以来也难以形成合

---

① 张立，陈明. 跨界流域综合治理改革的湘潭水府庙经验［EB/OL］.（2019-01-23）［2023-10-10］. http://www.h2o-china.com/news/277414.html.

力。但长三角地区协同治理跨地区空气污染，有效改善了地区空气质量。

据生态环境部介绍，2018 年以来，长三角地区持续开展秋冬季大气污染综合治理攻坚行动，空气质量改善明显。监测数据显示，2019—2020 年秋冬季，长三角地区细颗粒物（PM2.5）平均浓度较 2017—2018 年秋冬季下降 22%，重污染天数下降 79%。但多年监测数据显示，长三角地区秋冬季 PM2.5 平均浓度仍比其他季节高 50%～70%，重污染天气占全年的 95% 以上，苏北、皖北主要城市 PM2.5 浓度仍处于高位。《长三角地区 2020—2021 年秋冬季大气污染综合治理攻坚行动方案（征求意见稿）》提出，实现"散乱污"企业动态清零，有序实施钢铁行业超低排放改造，加大化工园区整治力度，持续推进沿江、沿湖、沿湾等环境敏感区内存在重大安全、环保隐患的化工企业关闭或搬迁，加快城市建成区重污染企业搬迁改造或关闭退出；推进"公转铁""公转水"重点工程、柴油货车治理和船舶排放控制区和绿色港口建设。其目标是全面完成《打赢蓝天保卫战三年行动计划》确定的 2020 年空气质量改善目标，协同控制温室气体排放。2020 年 10～12 月，长三角地区 PM2.5 平均浓度控制在 45 微克/立方米以内；2021 年 1～3 月，长三角地区 PM2.5 平均浓度控制在 58 微克/立方米以内[①]。

3. 跨界道路建设问题

长期以来，各地区的断头路屡屡见诸报端，特别是经济条件相差较大的地区间跨界道路最容易形成断头路。基础设施互联互通是长三角一体化发展的重要内容。长三角一体化进入全面推进阶段以来，省界断头路成为"三省一市"打破行政区划解决交通阻隔的重要任务。

2018 年 6 月，沪苏浙皖四省（市）共同签署《长三角地区打通省际断头路合作框架协议》，第一批重点推进 17 个省际断头路项目。上海推进落实 9 个打通省界断头路项目。2020 年，9 条省界断头路中，2 项（青浦区盈淀路、嘉定区城北路）已通车，同步开通毗邻公交；其余 7 项有序推进，其中有 2 条分别于三季度、年底具备通车条件。长三角一体化示范区执委会生态规建组负责人介绍，东航路属于二级公路，康力大道属于市政道路，两者在绿化带设计、施工标准、建设审批等方面存在差异。此次通车，是青浦、吴江两地"求同存异"，携手治理的重要成果。

---

① 佚名. 长三角秋冬季大气治理新思路：跨地区空气质量监控站点先行衔接［EB/OL］.（2020-10-15）.［2023-10-10］. https://baijiahao.baidu.com/s? id=1680579728263403489&wfr=spider&for=pc.

由于涉及不同的行政区划和主体，跨界修路、搭桥、治水、搞规划编制，向来有不小的难度。长三角一体化示范区执委会正式发布《跨省域国土空间规划编制指导手册》《长三角生态绿色一体化发展示范区跨省域道路工程互联互通指导手册（试行）》《跨界水体生态修复与岸线贯通工程一体化实施指导意见》三本手册，共享示范区在跨域治理方面的经验。

（二）案例的思政元素

1. 地区间公共产品供给需要区域协作

跨地区公共产品具有外溢性，需要多个地区之间分工协作共同提供。在本案例中，湘潭市、娄底市两市政府建立定期联席会议制度，长三角地区制订秋冬季大气污染综合治理攻坚行动方案以及长三角沪苏浙皖四省（市）政府签署《长三角地区打通省际断头路合作框架协议》，都体现了我国地方政府积极承担跨地区公共产品提供的责任，致力于追求区域整体公共利益和地区间协调发展。

2. 高层级政府要积极参与统筹治理

区域性外部性的统筹治理因为涉及跨地区、跨部门的资源整合，往往需要高层次政府协调推动。在本案例中，湖南省环保厅等省直单位多次通过直接现场办公或者文件批复的形式指导水府庙流域综合治理与建设工作，市县共管，落实主体责任，都体现了我国高层级地方政府在协调解决跨地区公共产品提供上的积极作用。在本案例中，跨地区、跨层次的统筹治理，目的在于提高跨界公共事务的治理效能，满足民众多样化、多层次的需求，以提高民众的幸福感。

3. 集中力量办大事的制度优势

我国能够在区域性公共产品和全国性公共产品提供上取得巨大成绩，从根本上说是因为中国具有集中力量办大事的制度优势。习近平总书记强调："我们最大的优势是我国社会主义制度能够集中力量办大事。这是我们成就事业的重要法宝。"社会主义制度的一个巨大优势就是能够集中力量办大事，这在中华人民共和国成立70多年的实践中得到反复印证。在本案例中，不同地区在上级政府的协调下通力合作、发挥合力，克服单个地区提供公共产品的人力和物力局限，体现了我国集中力量办大事的制度优势。

五、教学方法

本案例教学主要采用讲授与讨论相结合的方法。首先，教师在课堂上使用多媒体演示案例，引导学生通过分析我国地区间公共产品的提供实践挖掘案例中的思政元素。其次，学生结合案例进行分组讨论，进行观点碰撞。最后，各小组汇报讨论结果，教师进行点评。

六、教学实施过程

（一）讨论与思考

教师通过讲解财政支出责任划分的基本原则和案例的核心思想，提出以下两个问题供学生讨论与思考，并要求学生进行课堂汇报：

（1）结合政府间支出责任划分的相关理论，简要分析当存在多层级政府时，公共产品应该由较高还是较低层级的政府来提供？

（2）结合案例，谈谈中国政府间分权和公共产品协调提供的优势。

（二）分析思路

（1）结合政府间支出责任划分的相关理论，简要分析当存在多层级政府时，公共产品应该由较高还是较低层级的政府来提供？

参考答案：

公共产品按照受益范围可以分为地方性公共产品、全国性公共产品、地区性公共产品和全球性公共产品。其中，地方性公共产品是指受益范围在一个行政辖区以内的公共产品。公共产品到底由哪个层级的政府来提供，取决于政府间事权与支出责任的划分，一般来说主要考虑公平原则、受益原则、效率原则以及激励相容原则。

（2）结合案例，谈谈中国政府间分权和公共产品协调提供的优势。

参考答案：

根据政府间事权与支出划分的原则，政府间分权和公共产品应考虑以下原则：受益范围原则、兼顾公平与效率、集中与分散相结合、相对稳定与适当调整相结合、坚持事权和支出划分的法治化。

在我国，政府间分权和公共产品协调提供的优势主要体现在以下两个方面：

第一，我国在财政分权的同时保持了政治上的集中统一领导，各地区在中央政府的领导下协调成本更低，更容易提供地区间公共产品。习近平总书记强调："必须牢固树立高度自觉的大局意识，自觉从大局看问题，把工作放到大局中去思考、定位、摆布，做到正确认识大局、自觉服从大局、坚决维护大局。"在中央政府的领导下，整体性治理以协调、整合、信任为治理机制，强调跨层级、跨部门、跨公私间的整合，根本目的在于回应公众的诉求，为公众提供"一站式"而非分离的服务，切实解决人民群众的实际问题。提高跨界公共事务的治理效能主要是为了满足民众多样化、多层次的需求，以提高民众的幸福感。

第二，我国地方政府之间不仅存在分权基础上的竞争，而且还存在地区间的合作和互助。中国自古以来就有顾全大局、互助合作的精神。例如，湘潭市、娄底市两市政府建立了由两市市长担任总召集人的定期联席会议制度，签订了《共同保护水府庙行动宣言》，建立了破除行政区划壁垒、跨区域会商协调、联防联控联治、合力争创跨区域省级生态示范区四项共同保护与开发的工作机制，构建了"同库同策"管理格局，形成了共同管理、互相监督的管理模式，实现了共建共护共享共赢。

七、实施成效

（一）知识层面

教师帮助学生通过对中国跨界流域治理问题、跨地区空气质量治理问题、跨界道路建设问题的分析，深入理解公共产品的概念和地区间协调发展战略。

（二）育人层面

党的二十大报告提出"深入实施区域协调发展战略"。区域协调发展要建立更加有效的新机制，必须改变过去碎片化、局部性、应急性的治理理念，坚持系统思维，注重把握规律。本案例通过对中国解决跨地区公共产品提供实践的分析，凸显了中国各层级政府分工协作和高层级政府统筹治理的制度优势，增进了学生对中国社会经济制度的认同感。

参考文献

[1] 习近平. 高举中国特色社会主义伟大旗帜 为全面建设社会主义现代化国家而团结奋斗——在中国共产党第二十次全国代表大会上的报告[M]. 北京：人民出版社，2022.

[2] 中共中央 国务院关于建立更加有效的区域协调发展新机制的意见[EB/OL]. (2018-11-29) [2023-10-10]. http://www.gov.cn/zhengce/2018-11/29/content_5344537.htm.

[3]《公共财政概论》编写组. 公共财政概论 [M]. 北京：高等教育出版社，2019.

中国特色横向转移支付：对口支援助推均衡发展

李超

一、知识要点

理解概念：转移支付的概念、功能以及分类。

掌握理论：我国转移支付制度、存在问题以及改革方向。

二、教学目标

（一）能力培养

系统思维能力：教师通过对转移支付理论的讲授，帮助学生系统了解转移支付的概念、功能、产生背景以及我国转移支付的制度框架，引导学生培养全面系统分析问题的能力。

实践判断能力：教师通过案例解析，帮助学生了解我国横向转移支付实践，引导学生总结横向转移支付在推动区域协调发展中的积极意义，培养学生的判断能力、思辨能力。

批判思维能力：教师通过对中国对口支援制度的讲解与案例分析，帮助学生思考世界各国在处理地区间经济发展时的不同做法及效果。

（二）价值塑造

形成专业意识：教师帮助学生系统理解转移支付理论，学会用理论知识分析我国现行财政体制中存在的问题和改革方向。

增强前沿意识：教师通过案例教学，拓宽学生视野，使学生理解当前中国的协调发展理念，培养学生养成关注国家发展战略、财政政策和热点问题的学习习惯。

增强社会责任感：教师引导学生了解国情、理解中国，增进学生对国家制度和改革发展成就的理性认同，激发学生的爱国之情、社会责任感，培养学生的担当意识。

三、教学重点与难点

（一）教学重点

掌握转移支付的概念及功能。首先，教师在概念阐述上要明确转移支付与转移支出的不同。其次，教师要重点阐释转移支付制度的经济功能，即缓解各级政府间的财政不平衡、协调地区间财政经济活动、实现地区间公共服务的均等化。

（二）教学难点

掌握转移支付制度框架。首先，在纵向转移支付中，教师重点对比一般转移支付及专项转移支付的概念、经济作用。其次，在横向转移支付中，教师重点介绍中国特色的横向转移支付实践类型以及均衡意义。最后，教师总结现行转移支付制度框架存在的不足与改革方向。

四、课程思政案例介绍

（一）案例的支撑材料

党的十八届三中全会通过的《中共中央关于全面深化改革若干重大问题的决定》为我国构建现代财政制度指明了方向。经过近十年的探索改革，目前，我国已经形成“纵向为主、横向为辅”的现代转移支付制度基本框架。其中，纵向转移支付体系已然较为成熟，包括一般性转移支付、专项转移支付和共同财政事权转移支付，共同财政事权转移支付暂列入一般性转移支付管理。在横向转移支付的建设上，我国形成了以对口支援为核心的中国特色横向转移支付机制。我国的对口支援萌发于社会主义建设初期，起初主要用于工农业现代化进程中的地方城乡工农协作。此后，在长期的发展过程中，对口支援机制围绕着不同时期经济社会发展的突出矛盾和任务，经历了萌发探索、确立发展、深化推进三个阶段。

1. 萌发探索阶段（1949—1977 年）：社会主义建设初期的地方探索

1956 年，党的八大提出，国家主要任务是集中力量发展社会生产力，实现国家工业化。在此背景下，国家要求各行各业都来支援农业，对口支援开始在地方萌发。一些地方开始涌现出了“城乡挂钩、厂社挂钩”的协作互助，继而出现了工厂与公社相互制定规划、签订支援合同的探索实践。1959年，仅江苏常州就有406个工厂、90个商业企业、23个学校、12个医院、7个研究所以及20个居民委员会，分别与邻近的公社大队“挂钩协作、尽力支援”。1960年，山西经纬纺织机械厂与榆次市张庆曙光人民公社实行“对口支援、一包到底”的协作，对人民公社进行农业改造，并签订合同，组成委员会，制定三年规划。“城乡互助”“厂社挂钩”成为对口支援的早期萌芽形态。此后，这一厂社协作方式逐步发展为“以片建网、以网包片”的新形式。

从工业支援农业、城市支援乡村的“点对点”到“面对面”的“厂社挂钩”支援，是对口支援的初步探索。这一时期的对口支援资源相对单一，支援的内容主要是城市工厂对农村公社提供农业机械、生产资料，进行技术支持和机械维修，以提高农产品产量。同时，厂社对口支援具有双向协作性，支援虽然以工厂支持公社为主，但是公社也协助工厂建设农副产品基地。此外，对口支援呈现出地方局部性。

2. 确立发展阶段（1978—2011年）：改革开放时期的实践发展

改革开放后，中央确立“以经济建设为中心”的基本路线，建设小康社会成为新时期的经济社会发展目标，对口支援围绕这一目标得以确立、运用和发展。

1979年7月，中央批转了乌兰夫在全国边防工作会议上的报告，确定国家要“组织内地省市对口支援边境地区和少数民族地区”，由此开启了全国范围内的对口支援实践。

新时期对口支援的首要场域是边境和民族地区。1979年，中央确定北京支援内蒙古、天津支援甘肃、河北支援贵州、山东支援青海、江苏支援新疆和广西、上海支援宁夏和云南、全国支援西藏。1982年10月，国务院要求深入推进对口支援工作，明确对口支援与经济协作由国家经委牵头。此后，中央连续召开西藏、新疆工作座谈会，逐步加大对口援藏、援疆的力度。

新时期对口支援的另一场域是对口帮扶欠发达地区的经济社会发展，主要涉及东西扶贫协作以及相应的教育、医疗对口支援。1994年4月，国务院出台的《国家八七扶贫攻坚计划》，集中体现了发达地区对口支援扶贫决策。1996年7月，国务院发布《关于组织经济较发达地区与经济欠发达地区开展扶贫协作报告的通知》，开启了东部地方政府大规模对口扶贫协作的进程。与此同时，教育与医疗等领域相应开启了大规模对口支援。

新时期的对口支援还逐步应用于国家重大工程建设和应急救灾。1992年，国务院发布《国务院办公厅关于开展对三峡工程库区移民工作对口支援的通知》，要求各地区、各部门对口支援三峡工程移民。2008年，在“汶川地震”受灾地区恢复重建中，19个支援省份共支援资金843.8亿元、援建项目4 121个。此后，对口支援在应急和救灾场域的应用逐渐增多，包括2010年青海玉树地震后的对口支援，2009年防控甲型H1N1流感的对口支援。

这一时期对口支援的基本特点如下：中央集中统一决定援受双方结对关系，提出支援任务、期限和要求；支援主体多元化与支援关系精准化，从政策启用初期的省际支援，演变为省—县、省—地、校际、医院间、地方内不同层级政府间的多向度支援；支援场域日益扩展，由支援边疆与民族地区建设，扩展至国家工程建设、反贫困、救灾和应急管理等多个领域；支援方式逐步丰富，从最初的给钱给物的“输血式”支援，发展到产业帮扶、劳务协作、项目建设、技术引进、人才支援等多维度的“造血式”支援。

3. 深化推进阶段（2012—2021年）：新时代的创新推进

进入新时代，党和国家的工作中心是解决人民日益增长的美好生活需要和不平衡不充分的发展之间的矛盾，对口支援在解决这一矛盾的实践中不断得以创新和推进。

聚焦脱贫攻坚，创新推进定点扶贫、东西协作、支援边疆民族地区等，是新时代对口支援的首要任务。2016年，习近平总书记主持会议推进东西扶贫协作与对口支援工作。中央发布《关于进一步加强东西部扶贫协作工作的指导意见》，积极推进东西对口扶贫，并且首次确定考核评估其成效。2014年，国家启动了天津、上海、浙江、广东四省（市）对口支援四川、云南、甘肃三省的四个藏族自治州和两个藏族自治县，为边疆民族地区打赢脱贫攻坚战贡献了力量。

对口支援也被运用于振兴东北地区。2016年，国务院发布《关于深入推进实施新一轮东北振兴战略加快推动东北地区经济企稳向好若干重要举措的意见》，确立了东北三省与苏、浙、粤三省，东北四市与京、津、沪、深展开对口合作，提升东北产业竞争力。

新时代对口支援运用的典型场域是抗击新冠病毒感染疫情（以下简称“新冠疫情”）。2020 年，新冠疫情暴发，中央迅速决策，派出国家医疗队对口支援武汉重点医院。同时，中央部署以“一省包一市”的方式调度 19 个省份对口支援湖北 16 个市（州、县），最短时间内实现了医疗资源和物资供应从紧缺向动态平衡的跨越式提升。

在新时代，对口支援呈现出如下特点：第一，启用频次渐高。党的十八大以来，对口支援启用频次超过了过去 30 年的总和。第二，对口支援逐步精细。对口支援任务以协议书、责任书的形式量化，对口支援关系不断分解、下沉，对口支援责任更加明确。第三，运用场域持续扩大。对口支援从传统领域扩展到东北振兴、贫困治理和疫情防控。第四，运行过程日益规范。在脱贫攻坚期间，中央将对口支援由原来各单位的自主安排改为确立刚性目标，明确帮扶责任，并通过定期督导和年度评估进行过程督导和结果考核，构建了对口支援机制的“决策→实施→评估→反馈”过程。

总体来看，中国特色对口支援机制在多个领域取得了杰出的治理绩效。其中，中国的反贫困是对口支援机制运行的典型场域。东西扶贫协作从资金与人力资源等方面对中西部贫困地区进行全面帮扶。首先，东部省份通过财政援助资金和吸引带动企业到贫困地区投资，为贫困地区发展导入了大量资金。党的十八大以来，东部地区先后投入 813.9 亿元财政资金，累计吸引投资超过 19 625 亿元，极大改善了贫困地区发展资本短缺问题。其次，东部地区为西部地区提供了大量的人才支援和非农就业机会。无论是东部地区的干部和专业技术人才到西部地区支援，还是西部地区干部和专业技术人才到东部地区学习，都系统地提升了中西部地区和人的发展能力。党的十八大以来，干部与人才双向交流达到了 13.7 万人次，劳务输出到协作省份超过 592 万人次。通过劳务输出实现非农就业是消除贫困的最直接手段。最后，东西扶贫协作还通过携手奔小康和土地政策实现跨省帮扶。一方面，携手奔小康行动进一步深化。2019 年，东部地区 343 个发达县中的 2 696 个经济强镇支援中西部地区 573 个贫困县中的 3 120 个乡镇，共有 4 669 个村（社区）和 8 903 个企业、1 358 个社会组织结对帮扶 18 144 个贫困村。此外，6 172 所学校、2 410 家医院结对帮扶 7 824 所学校、3 293 所医院，通过社会力量募集捐助款物 65 亿元。另一方面，东西部土地增加挂钩结余指标跨省交易筹集 1 152.4 亿元政策性资金。由此可见，东西扶贫协作的对口支援为中国贫困治理做出了巨大贡献。

综上所述，我国现阶段的对口支援是由上级（主要是中央政府）主导，经济发达地区政府给予边疆民族地区、欠发达地区、特殊困难地区或重大建设工程项目地区的政治、经济、文教科卫等支持，旨在缩小地区间差距，促进经济发展，维护民族团结，保持国家稳定。对口支援是一种中国式横向转移支付。将对口支援定义为一种横向转移支付，首先是由其行为主体关系决定的。对口支援是典型的上级决策、下级执行的活动，是在既有财政体制之下的区域间政府财力无偿转移和资源再配置。尽管上级政府主要是中央政府在其中发挥主导作用，但下级政府是实施主体，区域间政府是发生利益再分配的实质主体。正因如此，有的学者将其称为“兄弟互助式”援助。其次是由客体的内容和性质决定的。对口支援主要有支援方提供的救灾援助（设施建设为主）、经济发展援助、医疗卫生援助、教育科技援助等，基本上属于支援方政府直接或通过受援地政府向当地企业和居民提供公共产品与服务，属于公共财政的职能范畴。尽管对口支援在实践中有时表现为纯粹的财力转移（如援建基础设施），但更多的时候表现为财力转移和人力物力援助的结合（如派遣干部和专业人员、给予项目支援），都是政府财力牵动的要素流动，是一种跨区域、不同政府主体间的财政分配活动。最后是考虑到对口支援的主体主要是各级地方政府，资源分配规模以地区间资源转移部分为主。因此，将对口支援直接称为横向转移支付是可以成立和接受的，其对应的是上级尤其是中央政府主导决策并实施的纵向转移支付。

（二）案例的思政元素

1. 对口支援集中体现了协调发展理念

党的十八届五中全会在谋划“十三五”时期经济社会发展规划时，首次提出创新、协调、绿色、开放、共享的新发展理念。其中，协调是区域均衡发展的内在要求。党的二十大报告多次强调要深入贯彻协调发展理念，实现区域均衡发展，如“深入实施区域协调发展战略……构建优势互补、高质量发展的区域经济布局和国土空间体系。推动西部大开发形成新格局，推动东北全面振兴取得新突破，促进中部地区加快崛起，鼓励东部地区加快推进现代化。支持革命老区、民族地区加快发展，加强边疆地区建设，推进兴边富民、稳边固边……”

对口支援的核心功能是通过横向转移支付解决在特定时期内资源空间失衡问题。实践表明，无论是对口支援贫困地区，还是对口支援受灾受困地区，都是为了解决特定场域和时空的资源供需关系失衡问题。因此，对口支援本质上是通过横向转移支付来实现资源再配置，从而解决“区域发展不平衡”和“资源供给与需求失衡”问题，推进其由不平衡转向动态平衡。由此可见，对口支援集中反映了习近平总书记提出的协调发展新理念，是我国贯彻执行协调发展战略的一个具体实践方案。

2. 对口支援集中体现了共同富裕思想

共同富裕是马克思主义的一个基本目标。中国共产党在中华人民共和国成立特别是改革开放以来对社会主义现代化建设的探索实践中逐渐认识到，贫穷不是社会主义，两极分化更不是社会主义。邓小平同志指出，社会主义的本质，是解放生产力，发展生产力，消灭剥削，消除两极分化，最终达到共同富裕。进入新时代，以习近平同志为核心的党中央把实现人民对美好生活的向往作为现代化建设的出发点和落脚点，不断深化对共同富裕的认识，并在党的二十大报告中提出“中国式现代化是全体人民共同富裕的现代化”，赋予了共同富裕更加丰富的时代内涵。以中国式现代化推进共同富裕，就是发展为了人民、发展依靠人民、发展成果由人民共享。

对口支援机制的功能性目标是解决发展的区域性不平衡问题，其本质性目标是实现全体人民共同富裕。因此，对口支援具有鲜明的人民政治属性，它以人民利益为最终归宿和第一诉求。党的十八大以来，反贫困中的各类对口支援不仅达成了资金帮扶，而且提供了人力资源的对口支援，包括了干部交流、专业人才培训、贫困劳动力技能培训和劳务输出。对口支援反贫困通过横向转移支付形式，为反贫困的“人间奇迹”做出了杰出贡献，为实现共同富裕奠定了坚实的基础。

五、教学方法

（一）举例分析法

教师通过举例详细阐述转移支付的目标。例如，分税制改革以后，纵向财政不平衡多表现为中央政府的财政收入比重高于财政支出比重，形成财力剩余，而地方政府的财政收入比重低于财政支出比重，存在财力缺口。因此，转移支付的一个目的就是缓解纵向财政不平衡，由中央将财力剩余转移给地方政府，缓解地方政府分税制改革后的财政压力。

（二）案例解析法

教师通过讲解案例“中国特色横向转移支付：对口支援助推均衡发展”，全面介绍中国横向转移支付的主要形式，重点阐释对口援助产生的背景及经济意义，并引导学生理解横向转移支付蕴含的新发展理念和共同富裕思想，思考中国横向转移支付制度中存在的不足以及完善方向。

（三）对比教学法

教师从体现中央政府意图、行政干预成分、影响地方政府决策、地方政府运用资金的自由度、促进特定效果的提高等几个方面对比分析一般转移支付和专项转移支付的区别，加深学生对重点概念的理解和记忆。

（四）讨论教学法

教师以“我国是否应该建立横向转移支付制度体系”为辩题，鼓励学生运用所学知识，进行分组辩论，进一步理解横向转移支付的分类、经济影响以及可能存在的问题，引导学生思考我国横向转移支付的改革方向。

六、教学实施过程

第一，引入财政转移支付的概念。教师通过介绍分税制改革的背景以及改革后地方政府面临“财权上收，事权下放”的现实格局，从而引出中央政府对地方政府转移支付的必要性，继而介绍转移支付的概念、分类（一般性转移支付和专项转移支付）以及功能目标（缓解纵向财力不平衡、缓解横向财力不平衡、调节区域间财政经济活动）。

第二，讲解我国纵向转移支付制度框架。2009 年以后，我国形成了以税收返还、一般性转移支付、专项转移支付为主的转移支付制度框架。其中，税收返还主要包括增值税返还、消费税返还、所得税返还、成品油价格和税费改革税收返还。教师讲解说明税收返还的额度通常按照基数法确定。另外，教师重点从体现中央政府意图、行政干预成分、影响地方政府决策、地方政府运用资金的自由度、促进特定效果的提高等方面对比分析一般转移支付和专项转移支付的区别，加深学生对重点概念的理解和记忆。

第三，引导学生思考我国纵向转移支付制度的不足与改革方向。首先，教师基于我国一般性转移支付和专项转移支付的现实特征进行比较。一般性转移支付的分配权通常在财政部门，寻租空间较小；而专项转移支付的分配则分散在各部门，且大多为项目制，比较容易产生寻租风险。其次，教师介绍《关于改革和完善中央对地方转移支付制度的意见》提出转移支付制度的优化方向，如优化转移支付结构、从严控制专项转移支付、规范专项转移支付分配和使用等。

第四，以案例介绍我国横向转移支付实践。教师以案例“中国特色横向转移支付：对口支援助推均衡发展”为支撑，全面介绍中国横向转移支付的主要形式（民族与边疆地区对口支援、国家重大工程对口支援、贫困治理对口支援、赈灾应急对口支援），重点阐释对口支援产生的背景及经济意义，并引导学生理解横向转移支付蕴含的新发展理念和共同富裕思想，思考中国横向转移支付制度中存在的不足以及完善方向。

七、实施成效

（一）知识层面

本案例教学使专业知识层层递进，构建全面知识体系。本案例教学系统讲述我国转移支付产生的背景、现行转移支付制度框架、存在的问题以及改进方向，让学生系统了解我国转移支付基本问题。教师通过随堂测试，检验学生对基本知识点的掌握程度，分析学习中存在的问题并及时强化补充；通过对拓展问题的小组辩论，使学生产生思想碰撞；通过提升学习难度，较好地满足了部分学生对高难度、高质量学习的获得感。

（二）育人层面

思政内容与专业内容高度融合，起到“润物细无声”的育人效果。本案例教学通过理论与实践、讲授与讨论相结合，激发学生的学习兴趣，做到授课不说教、不枯燥。教师以案例介绍我国横向转移支付实践，重点阐释对口援助产生的背景及经济意义，并巧妙地引导学生理解横向转移支付中蕴含的新发展理念和共同富裕思想，增进学生中国特色社会主义制度和实践的理性认同，激发学生的社会责任感，增强学生的担当意识。

参考文献

［1］习近平. 高举中国特色社会主义伟大旗帜 为全面建设社会主义现代化国家而团结奋斗——在中国共产党第二十次全国代表大会上的报告［M］. 北京：人民出版社，2022.

［2］《公共财政概论》编写组. 公共财政概论［M］. 北京：高等教育出版社，2019.

［3］马骁，周克清. 财政学［M］. 5版. 北京：高等教育出版社，2022.

［4］王禹澔. 中国特色对口支援机制：成就、经验与价值［J］. 管理世界，2022（6）：71-85.

［5］马海涛. 改革完善转移支付制度的对策建议［J］. 审计观察，2022（1）：4-9.

［6］石绍宾，樊丽明. 对口支援：一种中国式横向转移支付［J］. 财政研究，2020（1）：3-12，44.

逆风破浪稳航船：积极财政政策全力支持高质量发展

龙学文

一、知识要点

理解概念：财政政策的概念、类型、目标。

掌握理论：财政政策的工具、运用及其效应。

二、教学目标

（一）能力培养

系统思维能力：学生通过阅读材料，提炼财政政策相关知识点；教师通过对材料的分析讲解，帮助学生系统了解相关知识（财政政策的概念、类型、目标、工具、运用及其效应），引导学生培养全面系统分析问题的能力。

实践判断能力：教师结合案例材料，帮助学生了解国家财政政策，加强学生对财政是国家治理的基础和重要支柱的认识，引导学生对国家经济社会高质量发展的思考。

批判思维能力：教师根据案例材料，帮助学生就促进我国高质量发展，运用适当的理论知识，提出合理的解决方案和政策建议。

（二）价值塑造

形成专业意识：教师帮助学生深刻理解财政学专业的相关知识，并且学会用理论知识分析现实问题，运用专业知识讲好中国财政政策运行的故事。

增强前沿意识：教师通过案例教学培养学生关注国家大事、社会热点问题、时事新闻的意识，加深学生对中国财政政策变迁的理解。

增强社会责任感：教师通过案例教学引导学生深入社会、关注现实问题、了解国情、理解中国，增进学生对国家财政政策变迁的理性认同，激发学生的爱国之情、社会责任感，增强学生的担当意识，培养知行合一的社会主义事业建设者。

三、教学重点与难点

（一）教学重点

掌握财政政策的类型。按照调节经济周期的方式，财政政策分为自动稳定的财政政策和相机抉择的财政政策；按照对社会总需求的影响方向，财政政策分为扩张性财政政策、紧缩性财政政策和中性财政政策。

掌握财政政策的目标。财政政策的目标包括资源配置优化、收入公平分配、充分就业、物价稳定、国际收支平衡、经济增长等。

（二）教学难点

掌握财政政策的工具、运用及其效应。财政政策工具是财政政策主体选用的以达到政策目标的各种财政手段，主要有税收、公债、公共支出、政府投资、财政补贴等。财政政策工具的合理运用可以实现优化资源配置、促进收入分配公平、促进充分就业、稳定物价、平衡国际收支和促进经济增长等效果。

四、课程思政案例介绍

（一）案例的支撑材料

作为宏观调控的重要工具，财政政策在促进经济发展中作用突出。2022年12月15日至16日在北京举行的中央经济工作会议要求，“积极的财政政策要加力提效”。有关部门进行了一系列部署，各地聚焦保持支出强度、带动有效投资、推进助企纾困等方面，明确财税支持措施并加快落地生效，推动经济开好局、起好步。

1. 保持财政支出强度

所谓“积极的财政政策要加力提效”，“加力”就是要适度加大财政政策扩张力度，体现在财政支出强度、专项债投资拉动、推动财力下沉上加力；“提效”则要求提升政策效能。

中国社科院财经战略研究院财政研究室主任何代欣表示：“积极财政政

策加力提效的关键是确保一定的财政支出强度，发挥财政支出在稳增长、促就业、保民生方面的重要作用，稳定经济社会运行。”

2023 年以来，各省份陆续公布 2023 年预算报告，财政支出加力稳经济成为突出亮点。例如，北京市明确，加强财政资源统筹，保持适度支出强度，集中财力加大科技创新、高精尖、城市更新、重大基础设施等方面投入，进一步发挥财政资金对经济增长的拉动作用。根据预算安排，2023 年，北京市一般公共预算支出为 7 635 亿元，同口径增长 8%。

福建省提出，保持必要的财政支出强度，增强重大战略任务和基本民生财力保障，安排全省一般公共预算支出 5 866.9 亿元，增长 8.2%。按照部署，福建省要重点做好推动经济高质量发展、提升创新竞争力、促进城乡区域共建共享、推动改革攻坚、推进高水平对外开放等方面的支出保障。

青海省明确，科学统筹财政资金和政策工具，增强对全省重大战略、重大项目、重点领域的保障能力。按照安排，青海省 2023 年一般公共预算支出安排为 2 175.9 亿元，较 2022 年年初预算增长 6.3%，重点项目支出聚焦高质量发展、生态保护与建设、民生社会事业、区域协调发展等方面。

北京国家会计学院财税政策与应用研究所所长李旭红认为：“在财政支出强度上加力，主要反映在统筹财政收入、财政赤字、贴息等政策工具，适度扩大财政支出规模。在量上，保障一定的支出规模，使财政支出发挥重要的撬动经济增长效应；在质上，不断提高支出效率，围绕推动高质量发展，积极支持科技攻关、乡村振兴、区域重大战略、教育、基本民生、绿色发展等重点领域。”

财政部有关负责人表示，2023 年要加强财政资源统筹，保持必要的支出强度，优化政策组合工具，集中财力办大事，在打基础、利长远、补短板、调结构上加大投资，落实国家重大战略任务财力保障。

2. 发挥政府引导作用

2023 年 1 月 16 日，湖北省成功发行 2023 年首批新增政府债券 452 亿元，其中一般债券 232 亿元、专项债券 220 亿元。此次债券募集资金主要投向市政和产业园区、交通基础设施、保障性安居工程、社会事业、农林水利等领域，全部转贷市（县）使用，支持政府重点项目建设，持续形成投资拉动力。

在财政支出中，发挥政府投资的作用引人关注。中国社科院财经战略研究院财政研究室主任何代欣说："政府投资是全社会投资的重要环节，发挥着'四两拨千斤'的作用。加大重点项目和基础领域投资，对于带动经济平稳较快发展、稳定社会投资和信心至关重要。"

从各省份预算报告以及近期出台的相关政策文件可以看出，2023 年政府投资特别是专项债券正在持续加力。

2023 年 1 月 20 日，上海市政府出台《上海市提信心扩需求稳增长促发展行动方案》，提出 10 项行动共 32 条举措大力提振市场预期和信心，推动经济社会发展开好局起好步。该方案提出，实施扩大有效投资行动，充分发挥重大项目牵引作用，用好各类投融资政策和工具，推广实行标准化审批、并联审批、容缺后补等措施。

浙江省预算报告提出，积极通过政府投资和政策激励带动全社会投资，支持启动实施扩大有效投资"千项万亿"工程。

福建省预算报告提出，用好地方政府债券等扩大投资政策，统筹把握债券发行节奏，适当提高资金使用集中度，加快专项债券支出进度，支持"两新一重"等基础设施建设。

专项债券是落实积极财政政策的重要抓手。统计显示，2022 年，全国发行新增专项债券超 4 万亿元，对带动扩大有效投资、稳定宏观经济起到了重要作用。2023 年以来，各地加速专项债券发行，推动尽快形成实物工作量。

财政部有关负责人表示，2023 年要合理安排地方政府专项债券规模，适当扩大专项债券资金投向领域和用作项目资本金范围，持续形成实物工作量和投资拉动力，确保政府投资力度不减，带动扩大社会投资，推动经济运行整体好转。

北京国家会计学院财税政策与应用研究所所长李旭红认为："适当扩大专项债券资金投向领域，有利于使专项债券深度契合地方基础建设和公共服务需求。当前，有必要鼓励发展新能源、新型基础设施、'双碳+''数字+'建设、PPP 等领域投资，创新投资项目、投资方式、项目收益实现机制。"

3. 持续推进助企纾困

2022 年，我国实施新的组合式税费支持政策、稳经济一揽子政策和接续措施。国家税务总局发布的数据显示，2022 年全年新增减税降费及退税缓税缓费超过 4.2 万亿元，为助力稳住宏观经济大盘发挥了关键作用。

当前，市场主体特别是中小企业还面临不少困难，仍然需要政策大力扶持。中国社科院财经战略研究院财政研究室主任何代欣认为，中小微企业和个体工商户对稳就业有着特殊意义，应持续强化纾困解难。

2023 年以来，各地相继明确了一系列“真金白银”的措施。《上海市提信心扩需求稳增长促发展行动方案》明确了助企纾困、援企稳岗扩岗等一系列措施。例如，上海市全面落实各项税费优惠政策，包括减免小规模纳税人增值税、按月全额退还增值税增量留抵税额、免征新能源汽车车辆购置税、减免“六税两费”、减半收取非居民用户超定额累进加价水费等。同时，上海市实施中小微企业贷款贴息贴费，鼓励区级政府性融资担保机构担保费率继续减半收取。

广东省是市场主体大省，也是个体工商户大省。2023 年 1 月 12 日，广东省发布培育扶持个体工商户若干措施，进一步降低个体工商户经营成本。广东省对以单位方式参保的有雇工的个体工商户，延续阶段性降低失业保险、工伤保险费率政策时间至 2023 年 4 月 30 日；对制造业、科学研究和技术服务业等 13 个重点行业及其他行业符合退税条件的个体工商户，继续大力落实留抵退税政策。此外，广东省推进实施创业担保贷款及贴息政策。

在各省份预算报告中，助企纾困政策成为重要内容。例如，浙江省预算报告明确，安排省担保集团费用补贴 6 900 万元，引导加大对小微企业和“三农”主体的支持力度，将担保费率保持在 1% 以下，提升政府性融资担保覆盖面；持续发挥政府采购政策功能，通过预留采购份额、价格评审优惠、信用融资工具等政策措施，支持中小企业健康发展。

福建省预算报告提出，落实减税降费政策，着力纾解企业困难；用好用足财政贴息、融资担保、政府投资基金等政策工具，引导金融机构更好服务实体经济。陕西省预算报告明确，顶格落实减税降费政策，不断扩大政府性融资担保业务，用好用活政府性融资担保基金、中小微企业银行贷款风险补偿资金，切实缓解融资难融资贵问题。

财政部、国家税务总局明确了增值税小规模纳税人减免增值税等政策，各地抓紧落实落细。北京国家会计学院财税政策与应用研究所所长李旭红表示：“通过进一步完善减税降费措施，突出对中小微企业、个体工商户以及特困行业的支持，有利于为企业增活力、添动力。”

（二）案例的思政元素

1. 坚持以人民为中心的发展理念

以人民为中心是我们党的根本立场。党的二十大报告强调，“坚持以人民为中心的发展思想”。党的二十大报告深刻指出：“江山就是人民，人民就是江山。中国共产党领导人民打江山、守江山，守的是人民的心。治国有常，利民为本。为民造福是立党为公、执政为民的本质要求。必须坚持在发展中保障和改善民生，鼓励共同奋斗创造美好生活，不断实现人民对美好生活的向往。”

实施退税减税降费是近年来积极财政政策的一大核心，它的践行是以人民为中心的发展理念的生动实践。从我国发展实践来看，小微企业在促进就业、保障民生等方面发挥着主力军作用。近年来，国家对小微企业税收支持力度持续加大，先后多次提高增值税小规模纳税人起征点，分别提高至月销售额 2 万元、3 万元、10 万元和 15 万元，2022 年进一步阶段性免征小规模纳税人增值税。小型微利企业减半征收所得税的年应纳税所得额上限提高到 300 万元并进一步加大优惠力度。此外，国家还实施了小型微利企业和个体工商户延缓缴纳 2020 年所得税等定向帮扶措施，积极助力小微企业应对新冠疫情影响、渡过难关。2022 年，国家实施新的组合式税费支持政策，小微企业是受益主体。截至 2022 年 7 月底，各项税费支持政策为小微企业累计新增减税降费及退税缓税缓费 1.26 万亿元。此外，退税减税降费政策惠及的不光是小微企业。退税减税降费政策既利企业又惠个人，既利经济又惠民生，各类市场主体、广大人民群众都分享到了退税减税降费红利。例如，2018 年以来的个人所得税改革使工薪阶层 100%受益，超过 1 亿人不再缴纳工薪所得个人所得税。2020 年阶段性减免企业社保费有 1 200 余万户企业受益。这些政策不仅契合了我国经济高质量发展的时代要求，诠释了中国共产党以人民为中心的发展理念，也是对中国共产党执政理念的生动注解。

2. 实现高质量发展是中国式现代化的本质要求

习近平总书记在党的二十大报告中强调：“高质量发展是全面建设社会主义现代化国家的首要任务。发展是党执政兴国的第一要务。没有坚实的物质技术基础，就不可能全面建成社会主义现代化强国。”党的二十大报告明确提出：“中国式现代化的本质要求是：坚持中国共产党领导，坚持中国特色社会主义，实现高质量发展，发展全过程人民民主，丰富人民精神世界，实现全体人民共同富裕，促进人与自然和谐共生，推动构建人类命运共同体，创造人类文明新形态。”目前，我国经济已转向高质量发展阶段，经济社会发展必须以推动高质量发展为主题。推动高质量发展是遵循经济发展规律、保持经济持续健康发展的必然要求，是适应我国社会主要矛盾变化、解决发展不平衡不充分问题的必然要求，是有效防范化解各种重大风险挑战、以中国式现代化全面推进中华民族伟大复兴的必然要求。在全面建设社会主义现代化国家、向第二个百年奋斗目标进军新征程上，我们要认真学习领会高质量发展的深刻内涵和实践要求，全面贯彻习近平新时代中国特色社会主义思想，坚定不移把思想和行动统一到以习近平同志为核心的党中央决策部署上来，切实把推动高质量发展的要求贯彻到经济社会发展的全过程、各领域。

五、教学方法

教学方法为课堂讲授和讨论问答相结合。教师运用电子演示文稿展示案例，带领学生阅读案例、分析案例并且结合案例进行充分的课堂讨论。课堂讨论重点围绕市场主体当前面临的诸多困难展开，引入财政政策的内容，强调国家采取积极财政政策的理论基础或理由以及财政政策的工具和效应，反映出财政政策的重要性。在教学过程中，教师应注重专业知识与思政元素的有机融合，注重理论与现实的充分结合，引导学生理解概念、掌握理论、了解现实，增强学生的系统思维能力和理论联系实际的能力。

六、教学实施过程

（一）案例准备

学生需要预习财政学中关于财政政策与宏观调控的基本知识，查阅相关资料了解我国财政政策的相关知识。教师需要提前收集案例相关资料，深入挖掘其中的思政元素，以此为基础结合时事和有关政策，在课堂上对案例进行简单的说明后提出思考问题，鼓励学生经小组讨论后在课堂上分享心得。

（二）讨论与思考

教师讲解主要知识点后，提出以下问题供学生讨论并进行课堂汇报：

（1）如何理解积极财政政策在推动高质量发展中所起的重要作用？

（2）谈谈我国积极财政政策如何加力提效？

（3）中国特色社会主义制度在实施积极财政政策推动高质量发展上具有哪些优势？

（三）分析思路

（1）如何理解积极财政政策在推动高质量发展中所起的重要作用？

参考答案：

充分发挥积极财政政策的逆周期调节功能是我国稳定增长和高质量发展的基础保障。在当前国内外形势下，积极财政政策对我国高质量发展具有十分重要的作用。首先，积极财政政策可以有效推动投资，促进经济增长。通过扩大财政支出，政府可以加大对基础设施、环保、医疗卫生等领域的投资，提升公共服务水平，推动经济发展。同时，减税政策可以刺激企业投资，提高市场活力，进而促进经济增长。特别是在新冠疫情冲击下，积极财政政策可以帮助企业渡过难关，促进经济复苏。其次，积极财政政策可以增进民生福祉，推动社会发展。财政资金可以用于提高社会福利水平，改善教育、医疗、社保等公共服务，促进社会公平正义。同时，积极财政政策也可以用于扶持弱势群体，提高社会保障水平，促进社会和谐稳定。再次，积极财政政策可以促进产业升级，推动经济高质量发展。财政资金可以用于支持创新创业，鼓励科技创新，提升企业竞争力。同时，政府还可以通过财政政策引导产业升级，推动传统产业向高端产业转型升级，提高产业附加值和技术含量，从而实现经济高质量发展。最后，积极财政政策可以促进区域协调发展，推动城乡融合。通过财政资金的投入，政府可以加大对于农村地区的支持力度，提高农村基础设施建设水平，改善农村居民生活条件。同时，政府还可以通过财政政策鼓励城市向农村输出公共服务，促进城乡融合发展。综上所述，积极财政政策在推动高质量发展中具有重要作用。政府应该在加大财政支出和减税政策等方面，进一步发挥积极财政政策的作用，促进经济增长，增进民生福祉，促进产业升级，推动区域协调发展。但同时政府也需要注意财政支出的效率和可持续性，确保财政资金的使用符合经济社会发展的需求和规律。

（2）谈谈我国积极财政政策如何加力提效？

参考答案：

积极财政政策加力提效，体现了稳中求进的工作总基调，兼顾了需要与可能、当前与长远、发展与安全。当前我国经济恢复的基础尚不牢固，需求收缩、供给冲击、预期转弱三重压力仍然较大，外部环境动荡不安。应对这些风险挑战，要求我们加大财政宏观调控力度，优化政策工具组合，在有效支持高质量发展中，保障财政可持续和地方政府债务风险可控。

“加力”就是要适度加大财政政策扩张力度。一是在财政支出强度上加力。国家要统筹财政收入、财政赤字、贴息等政策工具，适度扩大财政支出规模。二是在专项债投资拉动上加力。国家要合理安排地方政府专项债券规模，适当扩大投向领域和用作资本金范围，持续形成投资拉动力。三是在推动财力下沉上加力。国家要持续增加中央对地方转移支付，向困难地区和欠发达地区倾斜，兜牢兜实基层“三保”底线。

“提效”就是要提升政策效能。一方面，国家要完善税费优惠政策，增强精准性和针对性，着力助企纾困。另一方面，国家要优化财政支出结构，更好发挥财政资金“四两拨千斤”的作用，有效带动扩大全社会投资，促进消费。同时，国家要加强财政政策与货币、产业、科技、社会政策的协调配合，形成政策合力，推动经济运行整体好转。

（3）中国特色社会主义制度在实施积极财政政策推动高质量发展上具有哪些优势？

参考答案：

中国特色社会主义制度在实施积极财政政策推动高质量发展上具有以下优势：一是中国共产党的领导。坚持中国共产党的领导是落实积极财政政策的政治保证。实践证明，中国共产党的领导是最符合中国人民根本利益、能够推动经济社会长期发展的根本保障。因此，要真正落实好积极财政政策以推动高质量发展就必须坚持党中央集中统一领导。二是国家发展战略与财政政策相互协调。中国特色社会主义制度下，国家拥有完善的国家发展战略规划和制定机制。财政政策是国家发展战略的重要组成部分，这种协调性使得财政政策可以更好地支持国家发展战略，并通过财政资金的有效配置，促进国家发展战略目标的实现。三是政府主导的市场经济调控。中国特色社会主义制度下，政府在市场经济调控中发挥着重要作用。政府可以通过财政政策引导市场，实现市场与政府的良性互动，从而推动高质量发展。四是政府与企业合作，共同推动发展。中国特色社会主义制度下，政府与企业之间存在着紧密的合作关系。政府可以通过财政政策来支持企业发展，提高企业竞争力。同时，企业也可以通过积极参与政府制定的财政政策来实现自身发展目标，实现共赢。五是区域协调发展。中国特色社会主义制度下，政府可以通过财政政策来促进区域协调发展。政府可以通过加大对欠发达地区的财政资金投入，提高该地区的基础设施和公共服务水平，促进其经济发展，实现区域协调发展。六是全面深化改革，优化财政政策。中国特色社会主义制度下，政府可以通过全面深化改革，优化财政政策制度，提高财政政策的效率和可持续性。国家通过深化财政体制改革，建立健全财政制度，提高财政资金使用效益，实现财政资金的最优配置，推动高质量发展。以上这些优势使得中国的财政政策能够更好地支持国家发展战略，促进经济增长，增进民生福祉，推动产业升级，促进区域协调发展，实现经济高质量发展。

七、实施成效

本案例教学融入思政素材、深入挖掘思政元素，以新媒体为载体，适应广大青年学子的话语体系，以学生喜闻乐见的方式较好地实现了知识和能力目标，取得了较好的教学效果。一是增强了学生的专业意识。本案例教学使学生深刻理解并掌握了财政政策相关知识，并且学会用理论知识分析现实问题。二是增强了学生的前沿意识。本案例教学培养了学生关注国家大事、社会热点问题、时事新闻的习惯。三是增强了学生的制度自信。本案例教学使学生深入了解了中国特色社会主义制度和治理体系的优势，增强了制度自信以及民族自豪感，坚定了永远跟党走的决心和信心。四是增强了学生的社会责任感。本案例教学增进了学生对国家制度和改革发展成就的理性认同，激发了学生的爱国之情、社会责任感，增强了学生的担当意识。一些学生以本案例教学的内容为主题开展深入的实地调研活动。五是切实提高了学生的系统思维能力和实践判断能力，增进了学生对现实的了解和理解，提升了学生的实践能力，增强了学生的实践本领，增强了学生学习的获得感，让学生体会到自己所学的知识有实用价值。

参考文献

[1]《公共财政概论》编写组. 公共财政概论 [M]. 北京：高等教育出版社，2019.

［2］林建华. 中国特色社会主义制度的显著优势［J］. 红旗文稿，2022（7）：22-24.

［3］马骁，周克清. 财政学［M］. 5 版. 北京：高等教育出版社，2022.

［4］曲哲涵. 积极的财政政策要加力提效（权威访谈）：访财政部部长刘昆［N］. 人民日报，2023-01-04（02）.

［5］曾金华. 各地支持措施加快落地生效：积极财政政策推动经济开好局［N］. 经济日报，2023-02-06（04）.

［6］佚名. 退税减税降费落实处 服务发展大局显担当：党的十八大以来税务部门落实退税减税降费政策助力稳定宏观经济大盘综述［EB/OL］.（2022-08-19）［2023-10-10］. http://www.chinatax.gov.cn/chinatax/n810219/n810724/c5179240/content.html.

全球性公共产品提供的困境与突破："双碳"之路上的中国担当

李娜

一、知识要点

理解概念：全球性公共产品的概念、特征及性质。

掌握理论：全球性公共产品的供给均衡及有效提供方式。

二、教学目标

（一）能力培养

系统思维能力：教师通过对全球性公共产品知识和理论的讲授，帮助学生系统了解全球性公共产品的概念、特征和性质以及全球性公共产品有效提供的方式，思考全球性公共产品提供的困境与突破，引导学生培养全面系统分析问题的能力。

实践判断能力：教师结合案例材料，引导学生深刻体会我国在全球性公共产品提供中的重要作用，把握中国构建人类命运共同体倡议的重要意义。

批判思维能力：教师根据案例材料，帮助学生了解市场难以提供纯公共产品的原因、纯公共产品及混合产品的提供方式，以碳达峰碳中和的中国担当为例能举一反三运用理论知识对全球性公共产品的提供给出合理的解决方案。

（二）价值塑造

形成专业意识：教师引导学生充分认识全球性公共产品供给的困难、碳达峰碳中和对全球可持续发展的作用。

增强前沿意识：教师培养学生关注社会热点问题、现实问题、时事新闻和政策变化的习惯，引导学生关注生态文明理念，理解生态优先、绿色低碳发展的重要性。

增强社会责任感：教师引导学生分析中国在推动减污降碳协同增效、促进经济社会发展全面绿色转型、实现生态环境质量改善中所做的努力和成效、彰显的大国责任与担当，激发学生的自豪感和使命感，使学生深刻领会高质量发展和中国式现代化的精神内涵，培养学生从自身做起形成绿色低碳的生活理念和习惯，为实现碳达峰碳中和的目标贡献力量。

三、教学重点与难点

（一）教学重点

深刻理解公共产品和私人产品的区别，熟练掌握社会共同需要、非排他性和非竞争性的内涵，能归纳纯公共产品和混合产品的类型，能将基本理论推广到全球性公共产品的提供上。

（二）教学难点

从时代变迁、技术革新、受益范围等多层次动态灵活理解公共产品的内涵和性质，了解公共产品提供的多种方式及适用条件，深刻领会全球性公共产品提供的特殊性和挑战性。

四、课程思政案例介绍

（一）案例的支撑材料

人类社会进入工业文明后，发展模式高度依赖化石能源和物质资源投入，因而产生大量碳排放、能源消耗和生态环境问题，导致全球气候变化和发展不可持续。在全球变暖的背景之下，大规模冰川融化之后，最为直接的影响就在于引发冰湖的增加，从而增加引发洪水的可能性。同时，冰川融化还会引发气候的巨变。除此之外，冰川大规模融化还会引发海平面的上升。

2021 年，英国《自然》杂志发表的研究指出，通过美国宇航局（NASA）的三维卫星图发现，冰川正在加速融化，而在过去的 20 年之中，平均每年有 2 670 亿吨冰融化为水。研究数据显示，平均每年损失的冰雪比 15 年前多 31%。相比于 2000—2004 年，2015—2019 年每年融化冰雪多 710 亿吨。2015 年以来，全球约 22 万座山岳冰川平均每年损失冰雪逾 2 980 亿吨，冰川融化加速。

在全球变暖、冰川融化背景下，大规模的远古病菌也在出现，这可能对人类带来一定的威胁。2022 年 7 月，我国建立的“全球首个冰川微生物数据库面世”。该数据库就存在非常多的未知微生物。科研人员在对青藏高原的 21 条冰川、85 个宏基因组进行了测序和组装，获得了 2 358 个宏基因组装基因组。其中，88.3%~100%为潜在新种，属于未知生物。一旦冰川出现大规模融化，那么这些未知生物就可能完全释放出来。2021 年，《微生物组》杂志发表了西藏冰川数据，研究团队从海拔 6 700 米的中国西部古里雅冰盖山顶采集了两个冰芯，结果发现了 33 种病毒，其中至少有 28 种病毒以前不为科学所知，并且因为被冷冻而幸存下来。因此，全球变暖持续下去，带来的冰川病毒可能会更多，未来人类应对这些未知病毒等，可能出现一定的风险。

温室气体是气候变化的主因，要应对气候变化需要全球所有国家控制碳排放。自 20 世纪 90 年代以来，世界各国一直为应对气候变化努力，并制定了《联合国气候变化框架公约》（以下简称《公约》）和《京都议定书》。《公约》是气候变化谈判的总体框架，《京都议定书》则是第一份具有法律效力的气候法案。全球气候变化谈判经历了约 30 年，进程艰难。类似环境治理这类公共产品具有非排他性和竞争性的特征，会面临“囚徒困境”的难题。公共产品存在受益范围，受益范围越广的公共产品其提供也越困难，因为达成共识和一致的谈判成本更高。全球环境治理的受益范围涉及所有国家和地区，属于全球性公共产品。全球碳减排计划中的博弈和争论，恰恰反映了这一点。

2020 年 9 月，中国国家主席习近平在第 75 届联合国大会一般性辩论中提出，中国将力争于 2030 年前实现二氧化碳排放达到峰值，努力争取 2060 年前实现碳中和，引发国际社会对中国在国际气候变化谈判中的角色和作用的广泛关注。挪威南森研究所（Fridtj of Nansen Institute）研究员唐更克（Kristian Tangen）等以国际气候变化谈判的进程为依据，将中国在国际气候变化谈判中的立场划分为京都会议前、京都会议期间和京都会议后三个阶段，认为京都会议前中国在国际气候变化谈判中是一个积极主动、活跃度高的参与者，京都会议期间中国对清洁发展机制、联合履约和排放贸易等京都机制持保留态度，京都会议之后中国对清洁发展机制转向更为积极的态度。

碳达峰和碳中和战略目标的提出是中国推进世界零碳排放进程，引领世界经济绿色复苏的核心战略，不仅是我国实现可持续发展的内在要求和加强生态文明建设、实现美丽中国建设目标的重要抓手，更展现了负责任大国的担当。

总体来说，全球气候变化影响着每一个人，应对气候变化不仅仅是政府和企业的行为，也需要我们每个人在衣、食、住、行、用等日常生活的各个环节行动起来，挖掘减排潜力，为实现碳达峰碳中和目标贡献自己的力量。

（二）案例的思政元素

1. 为构建"人类命运共同体"理念凝聚共识

当今世界面临着百年未有之大变局，政治多极化、经济全球化、文化多元化和社会信息化潮流不可逆转，各国间的联系和依存日益加深，但也面临诸多共同挑战。粮食安全、资源短缺、气候变化、网络攻击、人口爆炸、环境污染、疾病流行、跨国犯罪等全球非传统安全问题层出不穷，对国际秩序和人类生存都构成了严峻挑战。不论人们身处何国、信仰如何、是否愿意，实际上已经处在一个命运共同体中。与此同时，一种以应对人类共同挑战为目的的全球价值观已开始形成，并逐步获得国际共识。人类命运共同体（a Community with a Shared Future for Mankind）旨在追求本国利益时兼顾他国合理关切，在谋求本国发展中促进各国共同发展。人类只有一个地球，各国共处一个世界，要倡导人类命运共同体意识。人类命运共同体这一全球价值观包含相互依存的国际权力观、共同利益观、可持续发展观和全球治理观。2012 年 11 月，党的十八大明确提出要倡导人类命运共同体意识。习近平总书记就任后首次会见外国人士就表示，国际社会日益成为一个你中有我、我中有你的"命运共同体"，面对世界经济的复杂形势和全球性问题，任何国家都不可能独善其身。"命运共同体"是中国政府反复强调的关于人类社会的新理念。2011 年，《中国的和平发展》白皮书提出，要以"命运共同体"的新视角，寻求人类的共同利益和共同价值的新内涵。

2. 为全球环境治理中所体现出的中国担当喝彩

地球生态环境受到的破坏令人难以承受，气候变化影响到了人类的生存和健康，海平面上升直接影响到太平洋岛国的生存，南、北两极和世界各地的冰盖融化影响到了物种多样性。《中国气候变化蓝皮书（2020）》指出：2019 年，全球平均温度较工业化前水平高出约 1.11℃，是有完整气象观测记录以来的第二暖年份，过去五年（2015—2019 年）是有完整气象观测记录以来最暖的五个年份；20 世纪 80 年代以来，每个连续十年都比前一个十年更暖。全球气候变暖已是不争的事实，全球气候变暖对人类的负面影响不容忽视。全球气候变暖是生态环境破坏的表现，可以称为“环境赤字”。环境赤字更是“四种赤字”（治理赤字、信任赤字、和平赤字、发展赤字）的综合和集中反映。从《京都议定书》实际执行情况并不理想，到《巴黎协定》某些大国随意性退出和选择性加入，反映了世界在面对全球挑战时的不信任和多重标准。我国在应对气候变化方面主动作为，提出约束性目标，展现了我国作为负责任大国积极履行国际义务的鲜明态度。

改革开放以来特别是党的十八大以来，中国高度重视气候变化问题，把积极应对气候变化作为国家经济社会发展的重大战略，把绿色低碳发展作为生态文明建设的重要内容，采取了一系列行动，为应对全球气候变化做出了重要贡献。2009 年，我国向国际社会宣布了我国国家自主贡献目标，实际实施进展好于预期，承诺在 2020 年完成的自主行动目标均已提前到 2019 年完成。从“十三五”规划实施评估的情况来看，2020 年全国能源消费总量为 49.8 亿吨标准煤，单位国内生产总值能耗为 0.49 吨标准煤/万元。“十三五”时期单位国内生产总值能耗累计下降 13.2%；“十三五”时期单位国内生产总值二氧化碳排放累计下降 18.8%，超额完成了规划目标；非化石能源占一次能源消费比重由 2015 年的 12%提高到 15.9%；森林覆盖率由 21.7%提高到 23%以上，森林蓄积量超过 175 亿立方米。

3. 学习贯彻生态文明建设精神

“十四五”时期，我国生态文明建设进入了以降碳为重点战略方向、推动减污降碳协同增效、促进经济社会发展全面绿色转型、实现生态环境质量改善由量变到质变的关键时期。我们要完整、准确、全面贯彻新发展理念，保持战略定力，站在人与自然和谐共生的高度来谋划经济社会发展，坚持节约资源和保护环境的基本国策，坚持节约优先、保护优先、自然恢复为主的方针，形成节约资源和保护环境的空间格局、产业结构、生产方式、生活方式，统筹污染治理、生态保护、应对气候变化，促进生态环境持续改善，努力建设人与自然和谐共生的现代化。

党的十八大以来，我们加强党对生态文明建设的全面领导，把生态文明建设摆在全局工作的突出位置，做出一系列重大战略部署。在“五位一体”总体布局中，生态文明建设是其中一位；在新时代坚持和发展中国特色社会主义的基本方略中，坚持人与自然和谐共生是其中一条；在新发展理念中，绿色是其中一项；在三大攻坚战中，污染防治是其中一战；在到 21 世纪中叶建成社会主义现代化强国目标中，美丽中国是其中一个。这充分体现了我们对生态文明建设重要性的认识，明确了生态文明建设在党和国家事业发展全局中的重要地位。

4. 加强低碳生活和低碳消费全民教育

实现碳达峰碳中和是我国高质量发展的内在要求，也是我国对国际社会的庄严承诺。我国正践信守诺、坚定推进。实现碳达峰碳中和，不可能毕其功于一役。我国破立并举、稳扎稳打，在推进新能源可靠替代过程中逐步有序减少传统能源，确保经济社会平稳发展。

我国实现碳达峰目标有很多有利条件，但也面临着生产结构亟待优化、能源结构调整面临挑战、绿色技术水平总体不高、生态环境治理压力、资源过度开发、生活消费方式须加快转变、低碳发展政策制度有待完善等挑战和问题。我们要增强信心，在党中央的坚强领导下，发挥中国特色社会主义制度优势、超大规模经济体优势、传统部门的技术改造空间巨大优势，努力推进相关工作，确保如期实现碳达峰碳中和目标。

我们要加强低碳生活和低碳消费全民教育，倡导绿色低碳、健康文明的生活方式和消费模式，推动全社会形成低碳消费理念；发挥公共机构率先垂范作用，开展节能低碳机关、校园、医院、场馆、军营等创建活动；引导适度消费，鼓励使用节能低碳产品，遏制各种铺张浪费现象；完善废旧商品回收体系和垃圾分类处理体系。

五、教学方法

本着教与学并重、教师主导与学生主体并重的教学理念，本案例教学采用对分课堂教学模式与翻转课堂教学模式。

对分课堂教学模式强调教师的教与学生的学同等重要，反对以教师的教代替学生的学，其实是在教学过程中平等分配学习权利、以教学民主理念为基础呼应学生学习需求。根据对分课堂教学模式，一个完整的知识传递流程包括四个步骤：教师讲授（presentation）、学生独学（assertation）、小组讨论（discussion）、生师对话（interaction）。其中，教师讲授即传统讲授法，教师对教学内容进行讲解，但仅针对知识框架和重点与难点，主要涉及对课堂讲解内容的重构。学生独学是学生独立思考内化的过程，学生总结收获和疑问，为讨论环节做必要准备，学生有所准备，讨论方有内容和价值。小组讨论是同伴学习方法的落实，是“生生对话”，学生之间就有准备的共同话题开展思维碰撞，既是对知识点本身的学习和吸收，也有利于锻炼表达、沟通、思辨、创新等多种综合能力。生师对话以教师答疑形式呈现，是对“生生对话”的承接，解决同伴学习无法解决或不能很好解决的高层次问题。对分课堂的包容开放给学生提供了探究式学习的空间，同时强调学生的输入和输出，鼓励多元化观点相互碰撞，相对于传统学习评价机制重在结果性评价而言，更加重视过程性评价。

翻转课堂教学模式的基本要求是学生在课堂之外自主完成知识点学习，而课堂活动主要是师生之间、生生之间的互动交流和练习强化。具体而言，相对于传统教学模式，翻转课堂教学范式具有如下特点：第一，学习流程的重构。传统课堂学习流程为教师在课堂上传授知识，学生在课堂上学习知识；教师布置课后作业，学生在课后通过完成作业来进行知识内化。翻转课堂则将传统学习流程进行了重构，教师提供课前学习资料并布置好课前任务，学生课前完成知识点学习；教师设计针对性课堂活动，学生在课堂上通过完成各类活动进行知识内化。第二，师生角色的转变。在传统课堂上，教师是学习的主导者，学生是学习的接受者；在翻转课堂模式下，教师成为学习的引导者和帮助者，学生成为学习的主导者。第三，评价机制的变革。翻转课堂通过评价机制的改造和细化来对学生自主学习习惯及能力培养提供制度约束，相对于传统教学模式下的结果性评价而言更重视过程性评价。

基于对分课堂教学模式与翻转课堂教学模式，本案例教学程序安排上重视小组讨论，组内同伴之间有序逐一发言，相互解答疑问、分享学习体会，不仅锻炼了学生的沟通合作技能、强化团队意识和责任意识、制造面对成功和失败的机会，还能在有限的课堂时间内给予学生更多的发言机会。言为心声，语言是思维的外化。学生在输入的基础上进行输出有助于加深对问题的理解，进而有助于提高逻辑思维、辩证思维、批判性思维等高阶能力。另外，对分课堂教学模式的包容开放给学生提供了探究式学习的空间，同时强调学生的输入和输出，鼓励多元化观点相互碰撞。

在课堂教学开展过程中，教师在对分课堂教学模式与翻转课堂教学模式有机结合的基础上灵活运用 BOPPPS 教学法。“B”，即导入（bridge-in），目的是激发兴趣和吸引注意；“O”，即目标/结果（ojective/outcome），目的是明确学习需要达成的效果；"P1"，即前测（pre-assesment），目的是了解学情；"P2"，即参与式学习（participatory learning），目的是促进主动学习；"P3"，即后测（post-assesment），目的是检测学习效果；"S"，即总结（summary），目的是加深印象。如有需要，教师可以通过布置作业巩固提升学习效果。在需要学生参与的部分，教师主要采用学生独学内化与小组讨论（同伴学习）前后衔接的方法。基于对分课堂教学模式与翻转课堂教学模式的 BOPPPS 教学法重视学生参与，有利于教学效果的切实提高。

六、教学实施过程

（一）教学过程安排

教师在授课过程中，在对分课堂教学模式与翻转课堂教学模式有机结合的基础上灵活运用 BOPPPS 教学法。

首先，教师以全球气候变暖的现状和对人类生活生存带来的挑战为开篇导入，让学生了解当前环境恶化的实际状况，产生危机意识和感知环境治理的紧迫性。之后，教师针对全球气候为什么会变化以及应该如何治理提出问题供学生讨论和思考。

其次，教师介绍目前在应对气候变化上各国所做的努力和面临的困境，并针对为什么会存在全球性公共产品提供困境提出问题供学生再次讨论和思考。教师介绍在全球环境治理等全球性公共产品提供中中国所做出的承诺和成效，让学生知晓生态文明建设和高质量发展的国家战略导向，了解碳达峰碳中和的含义，从中领会在全球环境治理中的中国担当和引领作用，产生自豪感和责任感。

最后，教师推及个人衣、食、住、行、用各个方面的减排潜力，让学生感知在宏大目标之下的个人责任和参与意识，达到宣传国家战略目标并激发学生自觉行动的目的。

（二）专业知识与思政元素的融合思路

公共产品存在受益范围，受益范围越广的公共产品其提供也越困难，因为达成共识和一致的谈判成本更高。全球环境治理的受益范围涉及所有国家和地区，属于全球性公共产品。全球碳减排计划中的博弈和争论，恰恰反映了这一点。这一博弈模型的结果体现了个体理性与集体理性的矛盾。减排的集体收益远远大于不减排的集体收益，但是因为无外部约束，单个国家很难有积极性去主动选择减少碳排放这一战略。这也能够解释在“低碳经济”这一概念提出之前，各个国家为了发展经济大量消耗化石燃料从而导致二氧化碳排放的急速增加，温室效应带来的气候变化必须要对各个国家的碳排放进行约束。

结合公共产品的基本特征、受益范围和提供难点，有助于更好地理解全球气候变化应对日趋激烈的博弈，更加凸显中国担当。中国作为最大的发展中国家，以积极的姿态参与全球碳减排博弈，在全球碳博弈中争取主动权，共同应对气候变化问题，展现出一个负责任大国的形象。同时，实现碳达峰碳中和目标不仅是一场广泛而深刻的经济社会变革，而且与我们每一个人都息息相关。教师通过介绍碳排放知识，向学生普及自身与这场变革的关联和责任，激发学生从身边事做起，主动参与到低碳生活、绿色出行的行动中来，为碳达峰碳中和目标的实现做好宣传和动员。

七、实施成效

（一）学生反馈

在知识目标达成方面，学生能够在课堂上记住相关知识点，并通过案例分析更好地理解全球性公共产品的基本特征、受益范围和提供方式，而且学习到碳减排的相关知识。在能力目标达成方面，学生能够深刻理解构建人类命运共同体的紧迫性和重要性。在价值目标达成方面，学生能够对中国在全球环境治理中体现出来的大国担当感到自豪，对国家关于生态文明建设的发展战略有了认同感和责任感，开始有意识地在日常生活中注重低碳和环保，将自己的日常生活与国家发展战略联系起来，有了很强的参与感，进一步增强了国家认同、坚定了四个自信。

（二）推广价值

1. 案例育人效果的可普及性

本案例教学将人类命运与个体行为紧密联系，是把国家担当与个体贡献有机结合的典型，育人效果具有很好的可普及性。

（1）契合国家发展战略，突出当下重要关切。保护生态环境、应对气候变化，是全人类面临的共同挑战。实现碳达峰碳中和是中国高质量发展的内在要求，也是中国对国际社会的庄严承诺。我国秉持人类命运共同体理念，积极参与全球环境治理，加强应对气候变化、海洋污染治理、生物多样性保护等领域国际合作，认真履行国际公约，主动承担同国情、发展阶段和能力相适应的环境治理义务，为全球提供更多公共产品，不断增加制度性权利，实现义务和权利的平衡，展现我国负责任大国的形象。本案例契合国家高质量发展和生态文明建设的发展战略，关注当下关系人民幸福和人类共同发展的重要议题。

（2）专业知识与思政元素有机融合，润物无声贯穿始终。环境治理这类公共产品具有非排他性和竞争性的基本特征，会面临“囚徒困境”的难题。全球碳减排计划中的博弈和争论，恰恰反映了这一点。本案例的分析可以贯穿公共产品的基本特征、受益范围、提供方式选择等一系列知识点，将碳达峰碳中和的中国担当有机融合进专业知识之中，起到润物无声的效果。

（3）宏大叙事与身边小事紧密结合，有效激发主观能动性。实现碳达峰碳中和是一场广泛而深刻的经济社会变革，与我们每一个人都息息相关。习近平总书记多次强调："降低二氧化碳排放、应对气候变化不是别人要我们做，而是我们自己要做。"本案例通过介绍碳排放知识，向学生普及自身与这场变革的关联和责任，激发学生从身边事做起，主动参与到低碳生活、绿色出行的行动中来，为碳达峰碳中和的实现做好宣传和动员。

2. 案例生成逻辑的可外推性

当今世界正面临诸多挑战，除了本案例涉及的气候变化，还有粮食安全、资源短缺、网络攻击、人口爆炸、环境污染、疾病流行、跨国犯罪等。这些对国际秩序和人类生存构成严峻挑战的非传统安全问题都面临全球治理难题。其底层逻辑是共通的，即全球性公共产品具有的非排他性与竞争性特征会带来“囚徒困境”，导致全球治理失败。因此，本案例的生成逻辑可外推到全球安全治理、全球人权治理、全球环境治理、全球互联网治理、全球数据治理等方方面面。在以习近平同志为核心的党中央坚强领导下，中国特色大国外交全面推进，社会主义中国展现负责任大国担当，参与全球治理体系改革和建设，进一步赢得国际赞誉，我国国际影响力、感召力、塑造力显著提升。社会主义中国始终是全球治理体系改革和建设的重要推动力量。教师围绕全球治理的相关问题可以生成丰富的案例集，让学生在学习和理解理论知识的同时，能举一反三将理论应用于实际，关心关乎人类命运共同体的现实挑战，了解中国作为负责任的大国在参与全球治理中的担当和所做的贡献，提高国家认同感、自豪感和责任感。

参考文献

[1] 习近平. 决胜全面建成小康社会 夺取新时代中国特色社会主义伟大胜利——在中国共产党第十九次全国代表大会上的报告 [M]. 北京：人民出版社，2017.

[2] 习近平. 高举中国特色社会主义伟大旗帜 为全面建设社会主义现代化国家而团结奋斗——在中国共产党第二十次全国代表大会上的报告 [M]. 北京：人民出版社，2022.

[3] 习近平. 努力建设人与自然和谐共生的现代化 [J]. 求是，2022 (11)：1.

[4] 张海滨，黄晓璞，陈婧嫣. 中国参与国际气候变化谈判 30 年：历史进程及角色变迁 [J]. 阅江学刊，2021 (6)：15-40.

[5] 仲云云，张冲. 低碳发展的国际碳减排博弈与中国对策 [J]. 云南财经大学学报，2018 (12)：106-112.

大国财政：统筹内外，展现大国责任与担当

文峰

一、知识要点

理解概念：国际公共产品、国际财政、国际财政支出。

掌握理论：国家财政与国际财政的关系，国际公共产品的含义、分类和提供的难题及其破解之策，国际财政支出理论。

二、教学目标

（一）能力培养

系统思维能力：教师通过案例讲解与讨论，引导学生认识大国财政需要统筹国内外的公共产品供给。特别是在全球范围内，为了满足人类整体的安全、和平、发展需求，建立一个超越主权国家范围的公共产品供给机制，是实现全人类共同发展的必然要求。

实践分析能力：教师通过案例教学，引导学生认识国际公共产品与国际财政的特殊性。国际公共产品有确定的内涵，国际公共产品的提供方式与主权国家内部公共产品的提供方式不同。国际财政与国家财政是同国际公共产品与主权国家内部公共产品供给相联系的两种财政，存在差异性的成本分担逻辑。

批判思维能力：教师通过案例教学，结合人类命运共同体理念下国际政治经济新秩序建立的需求，引导学生正确认识百年未有之大变局中的大国担当的重要性与人类命运共同体建设的必要性、紧迫性和艰巨性。

（二）价值塑造

形成专业意识：教师引导学生从中国经济社会发展与人类命运共同体之间的关系中理解中国构建大国财政的必要性和紧迫性；立足中国国情和国际政治经济发展的实际，在提供国际重要公共产品中既量力而行又尽力而为就是体现中国的大国担当、变危为机的重要选择。

增强前沿意识：教师通过案例教学，拓宽学生视野，把握我国推动“一带一路”倡议、增进世界和平、构建人类命运共同体的相关举措，培养学生养成关注国家发展战略、财政政策和热点问题的习惯。

坚定“四个自信”：教师引导学生结合中国传统文化中“天下大同”理念、大国责任担当与构建人类命运共同体之间的关系，在理解中国统筹内外、展现大国担当中坚定“四个自信”。

三、教学重点与难点

（一）教学重点

掌握国际公共产品理论。教师引导学生结合当前国际政治经济格局演变的基本事实，以公共产品基本理论为基础，厘清国际公共产品的基本内涵和外延。

理解国际公共产品与主权国家内部公共产品之间的关系。国际公共产品和国内公共产品都具有满足一定范围社会成员公共需要的共性特征，但公共产品的受益范围、提供主体、筹资机制是区分国际公共产品和国内公共产品的重要标志。

（二）教学难点

理解正确处理大国财政与国际公共财政的关系。教师引导学生理解世界大国在国际财政中发挥重要作用，必须处理好主权国家财政与国际财政之间的关系，既要立足国内，又要放眼世界，既要有国际视野、世界情怀，又必须从主权国家的国家能力出发，要尽力而为，更要量力而行。

四、课程思政案例介绍

（一）案例的支撑材料

国际财政涉及国际公共产品、国际财政职能、国际财政支出等财政研究内容。在全球化背景下，国家之间的共同利益越来越多。如何在国际公共产

品的提供中统筹好国内经济社会发展与履行国际责任、展示国际担当是大国财政需要认真思考和对待的问题

2014 年 12 月 29 日，财政部部长楼继伟在全国财政工作会议上指出，建设大国财政的要求越来越迫切，要牢固树立“大国财政、统筹内外”理念和全球意识、安全意识，积极参与国际经贸规则制定，主动参与国际财经交流和全球经济治理。在《做好财政政策研究是大国财政需要》一文中，楼继伟进一步指出，中国财政是大国财政，在国际交往中，我们既要接受现行的国际规则，也要了解熟悉并主动改善这些规则，要有大国的影响力。中国财政科学研究院院长刘尚希在《大国财政》专著中系统论述了大国财政的内涵，大国责任、担当以及大国财政建设的机遇与挑战等问题。

中国自古以来就有心系天下的胸怀和情怀，只是在不同环境下由于国家实力变化承担的责任大小有差异而已。中国传统思想文化源远流长、内容丰富，其中关于心系“天下”理念的表述比较多，比较熟悉的有“天下兴亡，匹夫有责”“先天下之忧而忧，后天下之乐而乐”“穷则独善其身，达则兼济天下”，等等。这些中国式的哲学思维深刻影响着中国人的天下责任观和国际责任观。

中华人民共和国成立以后，历次党的代表大会都有涉及中国共产党关于如何看待处理世界和平、稳定和发展，如何应对各种人类挑战的内容，彰显出中国共产党的国际责任与担当。党的十八大报告提出，“继续促进人类和平与发展的崇高事业”，主张在国际关系中弘扬平等互信、包容互鉴、合作共赢的精神，共同维护国际公平正义。其中，合作共赢就是要倡导人类命运共同体理念，表明中国将以更加积极的姿态参与国际事务，发挥负责任大国作用，共同应对全球挑战。党的十九大报告提出，“坚持和平发展道路，推动构建人类命运共同体”。党的二十大报告提出，“促进世界和平与发展，推动构建人类命运共同体”。

构建人类命运共同体，彰显大国责任和大国担当离不开大国财力的支撑。中华人民共和国成立以来，从人口规模、幅员面积、自然资源等方面看，中国本身就是大国。当然，要素禀赋优势是大国成为经济强国的基础，但要素禀赋上的大国要成为经济强国还需要一系列条件，国家能力是其中的重要条件。在具备一定国家能力的基础上，要素禀赋大国可能经过一段时期的快速发展逐渐成为经济强国，甚至政治强国、军事强国，进而在国际事务

中发挥重要作用。

中华人民共和国成立以来，经过 70 多年的发展，中国国力逐渐强大，初步显现出具有一定实力的大国特征。首先，中国是一个要素禀赋大国。中国国土总面积为 960 万平方千米，约占世界陆地总面积的 1/15；据 2022 年年末统计，中国总人口仍居世界第一位；中国土地辽阔，相当多品种的资源储量都较为丰富。其次，中国作为经济大国的特征越来越明显。尽管人均国内生产总值与发达国家还有较大差距，但相对于发达国家我们有比较高的增长率，在世界上的排名不断上升。2000 年，中国国内生产总值超过意大利，居世界第六；2005 年，中国国内生产总值超过法国和英国，居世界第四；2007 年，中国国内生产总值超过德国，居世界第三；2010 年，中国国内生产总值超过日本，成为世界第二大经济体。根据国家统计局的数据，2021 年，中国国内生产总值达到 17.458 万亿美元，相当于美国的 75%，占世界总产值的比重超过 18%，多种工业产品产量居世界第一位。最后，中国作为世界政治大国的特征也越来越明显。作为二战最主要的四个战胜国之一、联合国的创始成员国之一、联合国安理会常任理事国之一、五个世界公认的核武器拥有国之一以及二战后通过各种途径对世界历史的发展产生过重大而深远影响的国家，中国毫无疑问具有全球影响力，中国在全球做出重大决策的能力应该说是超出绝大部分国家。当然，不论是从要素禀赋还是政治发言权以及经济发展所取得的成绩看，中国仍是一个发展中的大国，人均资源和人均经济总量低；区域、城乡之间发展很不平衡；人口总体素质不够高，受教育程度较低；国家创新能力还不够强大，经济可持续发展能力仍不足；经济、政治、文化和社会体制尚在改革之中；国家尚未完全统一，与邻国还存在领土争议等，这些都是我们在逐步走向大国的进程中需要面对和解决的问题。

中国作为国际社会的重要成员，在不同发展阶段所承担的国际责任经历了一个变化的过程。在古代，中国就有天下责任意识，特别是在与周边国家的交往关系中，中国对周边国家有政治、军事、经济上的承诺与责任。中国与周边国家维持了长时期的和平、友好与稳定。近代史上，中国逐步沦为半殖民地半封建国家，中国的天下责任力不从心，与周边国家的关系在西方列强的冲击下土崩瓦解。抗日战争时期，中华民族最终实现了救亡图存，并且承担了支持亚洲国家民族独立的周边责任和参与二战后国际秩序安排的国际责任。20 世纪 50 年代后，美苏对峙，中国加入苏联阵营，在这一集团中尽了有限责任。20 世纪六七十年代，中国作为第三世界国家，承担了相应的国际责任。20 世纪八九十年代，随着改革开放进程的推进，中国逐步融入国际体系之中，发展经济。进入 21 世纪以来，中国逐步成为既尽基础责任又进一步拓展有限责任的国家，尤其在 2010 年以后，中国开始尽领袖责任，既在国际规则框架内尊重遵守既有规则，也希望改变某些国际规则。

大国财政能力是履行国际责任、促进人类命运共同体形成的重要基础。大国财政意味着是全球视野下更加开放的财政，是承担更多国际责任的财政，是提供更多国际公共产品的财政。大国财政还应该统筹国内经济社会发展和承担国际责任之间的关系。加快建设现代财政制度是大国财政制度建设的必然要求，也是其实现国家经济社会发展和承担国际责任的制度基础。

大国财政应是积极有为的财政、参与全球治理的财政、国际经贸合作的财政，这意味着中国在国际事务中要担当更大的责任。具体来看，这种责任首先就体现在国际公共产品的供给层次上。在国际公共产品供给上，中国既要积极作为，又要量力而行。发展经济、保护人权、维护国家主权等是基础责任，与其相关的公共产品供给是基本的、首要的。在国际事务当中承担更多的国际义务，在提供国际公共产品上承担更大的份额是第二层次的国际责任。承担领袖责任是第三层次的责任，如国际经贸规则和体系的改革、引领国际气候变化的谈判等。

“统筹内外”是大国财政发展的重要指导思想。如果说基于大国责任的财政战略重点在于确定国际公共产品的供给责任，那么难点就在如何做好“统筹内外”。在履行更多国际义务的现阶段，恰恰是中国国内改革进入“深水区”、若干经济社会矛盾问题亟待化解的时期。因此，统筹履行国际责任和促进国内政治经济社会协调、可持续发展也是中国大国财政战略的重要内容。

完善财政治理是实现大国财政职能的制度基础。中国的大国财政能否“统筹内外”、有效协调，重要的前提之一就是中国的财政治理能力能否提供重要保障。客观来讲，中国尚不完全具备较高水平的财政治理能力，因此加快建立现代财政制度，提高财政支撑高效能国家治理的能力是我国当前财政制度建设的重要任务。我国当前财政制度建设的基本任务包括：其一，利用其国家治理体系的基础和重要支柱的地位，注重提高对政治、经济、文化、社会与生态文明建设的驾驭能力和管理能力。其二，综合应用各项财税政策工具，提升财政政策的宏观调控能力，兼顾需求管理和加强供给侧结构性改革，提高供给体系质量和效率，激发经济持续增长动力，推动我国社会生产力水平实现整体跃升。其三，合理配置中央与地方的财政管理权限，调动中央和地方的积极性，注重财政管理的整体效益。

（二）案例的思政元素

1. 中国传统文化中的责任意识、担当意识和担当能力

胸怀天下是中国传统文化中的重要基因，具有深厚的历史文化积淀。中国古代就有浓厚的“天下”情怀，“天下兴亡，匹夫有责”“先天下之忧而忧，后天下之乐而乐”“穷则独善其身，达则兼济天下”等观念是沉淀在中国文化中的重要基因。中国古代的“朝贡”体制中，统治者都承担过对向其朝贡的邦国提供政治、经济稳定和安全保障的责任，对稳定周边地区的政治经济环境发挥了重要作用。

中国古代王朝对向其朝贡的邦国的责任与封建王朝的能力高度相关。封建王朝的能力是包括政治、经济、军事、文化、社会等全方位的、多元素的能力。其中，财政能力既是国家整体能力的基础，也受到政治、军事等能力的影响。从整体上讲，封建王朝的政治影响力越大，军事实力越强，经济发展水平越高，文化辐射能力越强，社会越安全和谐，封建王朝综合国家能力越强，其承担的对向其朝贡的邦国的责任越多，封建王朝经济社会发展的周边环境越稳定和谐，越有助于巩固和强化封建王朝的国际地位。

2. 我国承担国际责任的依据与主要体现

我国承担国际责任主要是基于三个方面的原因：其一，中国传统文化中就包含有浓厚的“兼济天下”的基因和情怀。其二，作为世界的重要组成部分，中国的和谐、稳定和发展与国际政治、经济环境高度相关。世界的稳定、和谐是中国经济社会发展重要前提和基础，中国理所当然应该通过履行相关国际责任维护世界稳定、和谐，促进世界各国经济社会的可持续发展。其三，中国共产党一直具有“兼济天下”的胸怀，其奋斗目标不仅要促进中国经济社会的高度发展，还要为世界各国的发展做出中国贡献。这在中国共产党历届代表大会关于处理与国际社会关系方面的表述有十分清楚的体现。

中国承担国际责任主要体现在提供国际公共产品和公共服务方面。其

一，中国通过联合国等平台积极倡导各国平等，维护世界和平，维护各主权国家的合法权益。其二，中国承担联合国、世界银行等国际组织的运行经费，促进国际组织的有效运转，以便其向国际社会提供相应的公共服务。其三，中国主动对亚非拉等经济欠发达国提供各种援助。例如，中国援助建设基础设施，支持非洲国家抗击埃博拉病毒、新冠疫情，消除传染性疾病，提供多种形式的贷款援助，甚至免除欠发达国家的债务。其四，中国主导建立有助于世界经济社会发展的国际合作平台。例如，中国组建亚洲开发投资银行，倡导“一带一路”建设，建立上海经济合作组织等。

3. 大国财政是支撑人类命运共同体建设的基础

大国财政是支撑大国承担国际责任，构建人类命运共同体的基础。首先，大国财政通过为我国高水平国家治理提供基础支撑，促进我国经济社会高质量发展。中国作为世界上人口众多的发展中国家，中国的发展本身就是对世界的重大贡献。其次，大国财政通过财政的资源分配为中国履行大国国际责任提供有力的财力支持，包括提供更多的国际公共产品，搭建更多的国际合作平台等。最后，中国通过帮助广大欠发达国家发展经济，促进世界经济社会的发展。

值得注意的是，统筹国内外发展和促进人类命运共同体建设是相辅相成、相互促进的。中国当前仍然是世界上最大的发展中国家，国内经济发展和现代财政制度建设还面临着一系列困难和障碍，健全完善现代财政制度，提高国家治理能力，实现经济社会高质量发展是承担大国责任、履行国际义务、促进人类命运共同体建设的前提和基础。中国在增强自身发展能力、提高发展水平的同时要积极承担国际责任，推进人类命运共同体建设。中国在承担国际责任，推进人类命运共同体建设中要尽力而为，更要量力而行。

五、教学方法

本案例教学的目的在于让学生在学习国际财政相关理论的基础上，理解我国财政在服务国际发展大局中所处的地位和所起的作用。本案例教学主要采用学生阅读相关文献，领会我国传统文化中“兼济天下”的胸襟和情怀，理解中国共产党构建人类命运共同体的大国担当。学生通过对案例的学习，深入理解国际财政的基本理论，理解大国财政在国际财政中的地位和作用。

六、教学实施过程

（一）案例准备

教师结合国际财政的相关教学内容，提前布置预习任务，要求学生收集我国传统文化中处理国际政治、经济、军事、文化、社会问题的理念和主要事件，了解中国古代承担国际责任和履行国际义务的基本事实，收集整理中华人民共和国成立以来中国共产党历届代表大会报告中关于我国对待国际政治、经济、军事、文化和社会问题的立场、态度和主张以及我国承担国际责任、履行国际义务的基本事实。

教师在授课前向学生展示课程讨论案例，要求学生结合先前收集的资料认真阅读案例的内容，思考其中包含的中国古代和当代看待与处理国际问题、承担国际责任、履行国际义务和国家财政之间的关系。

（二）讨论与思考

教师结合课程教学内容，引导学生思考讨论中国作为世界上最大的发展中国家在国际公共产品提供中承担的责任及履行责任的情况，从中领会中国共产党在构建人类命运共同体中的理念和努力。教师引导学生思考我国财政在承担国际责任、构建人类命运共同体中的理念、目标和应对我国经济社会发展中的问题以及健全和完善现代财政制度之间的关系。教师提出以下问题供学生进一步讨论，并要求学生分组进行课堂汇报。

（1）结合我国在国际公共产品提供中的基本事实，分析我国承担国际责任的大国担当。

（2）结合我国作为发展中大国的基本事实，谈谈我国统筹国内经济社会发展和承担国际责任、展示大国担当之间的关系。

（三）分析思路

（1）结合我国在国际公共产品提供中的基本事实，分析我国承担国际责任的大国担当。

参考答案：

我国在提供国际公共产品中发挥了十分重要的作用。其一，我国不断提高国际组织出资额，加大直接援助、豁免穷国债务，更多参与维和和打击海盗，承担更多减少碳排放义务等，提供更为丰富的国际公共产品。中国的对外援助采取无偿援助、无息贷款、优惠贷款等形式。根据中国政府于 2021

年年初发布的《新时代的中国国际发展合作》白皮书，2013—2018 年，中国共建设成套项目 423 个，向 124 个国家和地区提供物资援助 890 批，在 95 个国家和地区完成技术合作项目 414 个，举办 7 000 余期人力资源开发合作项目，共约 20 万名人员受益。此外，中国还派遣援外医疗队、国际救援队、志愿者、专家组等①。其二，中国近年来提供全球公共产品的典型案例包括参与创设金砖国家新开发银行，牵头创设亚洲基础设施投资银行，承建、援建“一带一路”合作伙伴基础设施，开通并持续畅通运行连接中国与欧洲的中欧班列等。

当前，我国还是发展中国家，我国的人均收入与发达国家还有很大距离，还面临一系列急需解决的发展问题，财力供求之间还有很大缺口，但作为国际社会的重要成员，我国在国际公共产品提供中承担了与世界上最大的发展中国家相适应的责任。

（2）结合我国作为发展中大国的基本事实，谈谈我国统筹国内经济社会发展和承担国际责任、展示大国担当之间的关系。

参考答案：

目前，我国仍是世界上最大的发展中国家。我国人均国内生产总值还不够高，国内地区之间、城乡之间的发展还存在一定的不平衡，居民之间的收入差距还较大，2021 年才在全国范围内实现小康目标，距离发达国家人均收入水平还有一定差距。尽管我国科学技术水平已经取得较大进步，但在一些重要领域还受制于发达国家。在自然资源方面，我国的人均占有水平在世界上处于较低水平，自然资源支撑经济发展的能力还明显不足。我国在经济、政治、军事、文化、社会、生态等发展领域还存在短板，发展还不平衡。

作为一个有着悠久国际担当传统的大国，我国财政需要兼顾好促进国内经济社会发展、承担国际责任和展示大国担当之间的关系。适应经济高质量发展的需要，加快建立现代财政制度，充分发挥国家治理的基础和重要支柱作用是我国财政制度建设的重要内容。同时，一个和平、稳定、开放、有序的国际环境也是我国高质量发展的必要前提。我国主动承担大国责任，履行大国国际义务，展现大国担当，也是服务于高质量发展并让世界各国分享中

① 国务院新闻办公室.《新时代的中国国际发展合作》白皮书［J］. 人民日报，2021-01-11（04）.

国发展红利的必然要求。因此，立足中国国情，根据中国的财力情况，量力而行、尽力而为，统筹国内外发展，努力承担国际责任，展现大国担当是我国财政制度建设的重要内容。

七、实施成效

教师在案例教学中引导学生在学习国际财政相关内容的同时，查阅文献资料，了解我国古代传统文化“兼济天下”和现代“构建人类命运共同体”的基本情况，深入领会财政在其中的地位和发挥的作用，进而深入理解国际财政中大国财政的地位和作用。

教师指导学生通过查阅我国古代社会处理国际关系的资料，了解古代王朝统治者、知识阶层乃至普通民众的“天下”理念；通过查阅中国共产党历次代表大会关于国际问题的相关表述和中国处理国际问题的基本事实，大大拓展教学内容，加深学生对大国财政理论的理解和对我国大国责任的理解。

参考文献

[1] 罗建波. 如何向世界讲好中国对外援助 [J]. 对外传播，2023 (2)：49-52.

[2] 刘丽娜. 援助能改善对华印象吗：关于中国对外援助的国家形象管理效应的海量数据分析 [J]. 世界经济与政治，2022 (7)：47.

[3] 樊丽明. “大国责任”视角下的“大国财政”分析 [J]. 财政监督，2017 (10)：25-32.

[4] 刘尚希. 如何理解“大国财政” [J]. 党政干部参考，2015 (9)：13-14.

[5] 楼继伟. 主动适应经济发展新常态 不断开创财政事业新局面 [J]. 中国财政，2015 (4)：10-19.

[6] 吴兵. 从“天下责任”到“负责任大国”：身份视角下的中国国际责任观历史嬗变研究 [J]. 当代亚太，2015 (4)：93-127，159-160.

[7] 金灿荣，等. 大国的责任 [M]. 北京：中国人民大学出版社，2011.

后记

长期以来，西南财经大学财政学课程团队高度重视课程思政建设，努力探索“为党育人、为国育才”的新路径。特别是中央和教育部对课程思政提出明确要求之后，课程团队先后多次修订《财政学》教材，实现了课程思政进教材、进课堂。课程团队通过参加课程思政培训、举办集体备课会等多种形式进行课程思政教学研讨，实现课程思政进头脑，教师真正做到人人都讲思政、人人都能讲思政。课程团队根据教育部和西南财经大学课程思政建设的精神，对课程实施方案进行全面改造，实现了“施工图”的思政化。自2020年以来，课程团队编撰的课程思政案例曾多次在教育部财政学类教指委组织的课程思政案例大赛中获奖，并先后在学习强国、新华思政网等多个课程思政教学平台进行展播，获得多方好评。在课程思政案例的加持下，“财政学”课程先后获批四川省课程思政示范课程（2019）、教育部首批课程思政示范课程（2021），相关教师入选教育部课程思政教学名师及教学团队，为西南财经大学财政学专业人才培养和国家级一流学科点建设做出了应有的贡献。

本案例集由周克清教授和文峰副教授担任主编，课程团队和财政系全体教师参与了案例的编写。

本案例集的编写得到了西南财经大学党委副书记马骁教授的大力支持，他不仅全程指导本案例集的编写和修订，并且为本书作序，实在是功莫大焉。本案例集的编写还得到了西南财经大学教务处和财政税务学院的大力支持，在此一并表示感谢。

当然，这本案例集的编写只是课程团队的一次初步尝试，经验不足，加之水平有限，错误及不当之处可能在所难免，恳请各位专家、学界同仁和广大读者批评指正。

编者

2023 年 6 月